U0013984

小國大想像

創新創業，開發以小搏大的巧實力

鄭志凱・著

創新創業，開發以小搏大的巧實力

目錄

推薦序　小國台灣創業的挑戰，期許青年主導未來　李開復 ……006

科技究竟可以解決什麼問題？　陳良基 ……011

大國比腕力，小國施巧勁　吳思華 ……014

速度，大衛，速度！　林之晨 ……017

大想像推薦　李偉文、朱平、蔡鴻青、李吉仁、吳壽山 ……019

自序　台灣出發 取道矽谷 走向未來 ……022

前言　小國經濟，致富要靠「巧實力」 ……026

實力 1：前瞻力
走向世界，走向未來，台灣，你給人類的禮物是什麼？

01　幸福經濟＝幸福＋經濟？ ……036

02　1964，2014，2064 ……044

03　無人機浪潮捲起千堆雪 ……052

04　舌尖上的矽谷，食物的未來 ……060

05　農業加科技，舊症與新方 ……068

06　基因改造是否亂點鴛鴦譜？ ……075

07　人機共生三定律 ……083

08　科技開始剝奪工作機會？ ……090

09　為人類未來批流年 ……097

實力 2 ：創業力

創業家，你在打台灣盃、亞洲盃、還是世界盃錦標賽？

01 青春作伴，創業去了 114

02 由二次創業看創業的意義 122

03 小池養小魚，大魚找大池 126

04 創業者有必要溫良恭儉讓嗎？ 134

05 除了錢，工作還為了什麼？ 142

06 願「微型創業」遍地開花 149

07 創業引擎——四缸、六缸或八缸 155

08 從中國製造到中國發明 162

09 經濟小國，如何打造品牌？ 170

10 企業大即是美？ 180

實力 3：創新力

創新思維，如何接台灣的地氣、矽谷的天氣？

01 薄創新與厚創新 …… 188

02 畫地不為牢——盒子裡創新 …… 193

03 第三種創新——由設計觀點驅動的創新 …… 201

04 避免創新的空頭市場 …… 207

05 矽谷創業的最新跑鞋 …… 212

06 稀少與過剩，問題與機會 …… 220

07 開放智慧財產的天空 …… 228

08 在完美壟斷與自由競爭之間 …… 236

09 從馬太效應思考台灣的科技發展 …… 245

實力 4 ：制度力

制度啊制度，請打開創新創業的大門

01 最有槓桿效果的創新——制度創新 256

02 不要忘了還有軟創新 262

03 創新與法制，破壞與秩序 267

04 增加社會流動，創造平等未來 275

05 公益公司 vs. 私益公司 284

06 凱因斯之夢——每週工作 15 小時 290

07 數位時代下，台灣新創法規的發展方向 299

08 徹底的透明，完全的信任 306

09 世界越來越扁平，企業呢？ 313

小國台灣創業的挑戰，期許青年主導未來

創新工場董事長&CEO　李開復

台灣這樣一個小國經濟體，在美國、中國兩大勢力之下還有機會嗎？我想機會一定存在的，只要認清了自己的劣勢，願意用更多努力和行動來彌補，挑定目標，動用資源執行，就會有希望。

這本《小國大想像》所談的幾個主題：前瞻力、創業力、創新力、制度力，就是矽谷創投公司負責人CK（我稱呼本書作者鄭志凱為CK）帶來的前瞻視野。

台灣的先天限制其實未嘗不會帶來好影響。CK在〈畫地不為牢——盒子裡創新〉中提到了幾個案例：在許多落後貧窮地區，無法負擔昂貴的醫療設備，史丹佛大學教授在蓋茲基金會申請到一筆補助，計劃開發成本一美元的顯微鏡：一個用紙製作的顯微鏡。同樣來自史丹佛大學的例子，D.School給學生出了個題目，設計出一個低成本的保溫箱。經過實地考察，發現落後地區根本缺乏電力，所以反倒激發了靈感，結果設計出熱水袋式的保溫箱，成本不到傳統插電式保溫箱的百分之一。

一些條件限制，或許更能激發創意與發展。比如說美國銀行和信用卡很強大方便，而非洲最落後，但是在行動支付，肯亞反而超過了美國。計程車做的最差的國家（例如美國的貴，菲律賓的劣質），則是 Uber 發展最好的地方。美國以前室內電話很發達，所以行動電話的起步反而不如亞洲（尤其中國大陸）。由此可見，如果在某個領域，你的國家很先進或者有很強（甚至可影響政策）的壟斷者，那這個領域很難創新。但是，如果你的國家很落後，反而可能有跳越的機會。

那我如何看台灣的機會與挑戰呢？ CK 在〈願「微型創業」遍地開花〉提到了這麼一段話：「現代社會瞬息萬變，市場趨勢與科技日新月異，這既是危機也是生機，創業者要有好朋友，尤其是多聞和直言的益友，才能保持通暢的資訊管道。」

經營「創新工場」是我最熱愛且真心最想做的事業，我們每一天的每一件事情都是在幫創業者成長。創業者需要什麼，我們就做什麼。我們已經投資兩家台灣的服務業，利用大陸 O2O（online to offline）的熱潮，進入大陸並做大規模而且快速擴張。台灣還是有很好的創業基因，也有許多優勢，如服務意識、技術人才、設計人才、文創人才、國際化連接等。在一個比較小確幸而且重視穩定的社會，少數的創業者不容易得到彼此的幫助、扶持，也難找到知己，得到共嗚。而且，很多偉大的創業，都是「偶遇」開啟的，所以讓這些少數的創業者能每天見到更多更像自己的人，打造一個物理上的小矽谷，是有價值的。國發會的創業拔萃方案（Headstart Taiwan Project）也是往這個方向努力。

現在的矽谷相較起台灣來，更為開放，鼓勵失敗，鼓勵分享。傳統亞洲普遍有「好的東西得藏起來」的心態，其實分享、討論對於信息的流暢、創意的產生都是有幫助的。在矽谷，許多人並不排斥把自己的新點子提出來，也不怕「創意被偷走」，畢竟一個新點子在草創期難免有許多瑕疵，需要經過不斷的滾動、修正。若是一味的閉門造車，等到完成推出了，才發現也許不符合市場需求，要再重新來過。

很多亞洲國家對失敗是鄙視的，或認為是羞愧的。而在矽谷，失敗被認為是最寶貴的經驗。創業是自然的，失敗也是自然的。一個親企業家的社會，應該是允許創業失敗，並且高度尊重創業失敗者的。

另外，太重視穩定、父母管太多、小確幸心態都是打造偉大創業公司的障礙。最好的方法不是去告訴這些人他們錯了，而是要有很好的楷模，讓年輕人自主去學習。等這些年輕人年紀大了，這些問題就解決了。畢竟，改變社會風氣需要一兩代人才能發生。

在新經濟時代，最值得扶持的投資人是年輕有創業經驗的人，而不是「老牌」的財務投資人。我想，台灣有志走出去的年輕人可以練習拓展自己的國際觀，改變自己的生活方式，因為沒有哪一種產業是可以永遠持續不變的。台灣資本市場、創投觀念太陳舊，年齡太大，創投界也需要一批新血，未來掌握在年輕人手上。半空還是半滿，要看你是在倒水出杯，還是倒水入杯。如果我們大家都付出自己的力量，倒水入杯，那未來一定是更美好的。

我與 CK「認識」的時間滿早的，不過最初只限於郵件往來，後來陸陸續續在不同場合其實也有碰面。有一次 CK 發了 e-mail 說，我們都有想替台灣的年輕人和現在的經濟環境多做一些什麼，要不要碰個面聊一下？我在台灣養病的時候很低調，許多在台灣認識的新朋友都是 CK 熱心牽線的，像是一些社會企業跟創業小聚的活動，我也會收到 CK 的邀請前去輔導或演講。新朋友們因為沒有商業往來，所以就成了很純粹的朋友或是師生關係。不管他們是想要發展創業，或是一些對社會有意義的企業，我因此接觸了不少。

某次演講，CK 親自來參加主持，並且在介紹我的時候，說了很多我先前如何給年輕朋友們幫助的故事（像是我怎麼寫了大概兩三頁回覆，給他們準備開發的新產品建議等等），這些細節他都記得。所以我覺得 CK 真的是一位很在乎年輕人、在乎細節的人。他細心寫就的這些文章，我很佩服。我以前也寫過不少文章，知道寫東西實在不是件易事。他在文章裡介紹的矽谷狀況，絕對非隨便一拍腦袋就能蹦出來的，都一定是經過了研究跟分析，才能言之有物。字裡行間處處可見他的用心。

CK 對於矽谷與台灣都有很深的了解，身為一個長期在世界頂尖創業中心的過來人，認真、熱心、博學又樂於分享，這本書是一位很真誠的人，所寫的一本很有價值、很有意義的書。

科技究竟可以解決什麼問題？

教育部政務次長　陳良基

小國真的就比較難創造經濟榮景嗎？人口數量、國家大小和經濟實力之間有沒有絕對的關聯性？這幾句問句，就是作者鄭志凱先生（我們都叫他 CK），常常在閒聊時出現的口吻。在本書中，他也用這樣的問句，帶領我們一步步探索台灣，這個小島，在全球化創新的機會。

這本書從小國的立場切入，去做偉大的想像。將世界上的國家先以人數、經濟實力約略劃分清楚，將台灣與其他類似或各異背景的小國並列比較，點評出台灣的現況。台灣目前的經濟困境、人民的生活幸福指數不滿，是出於什麼原因？不斷跟風「借鏡」別小國創造的經濟奇蹟模式，真的能成功嗎？

作者提供的數據、資料切要而清晰，觀點切入的分析淺顯精準，運用詼諧的運筆寫下現代熟悉的閱讀文章，寫就一本讓人在短時間內吸收大量重要資訊的「快」書。

這是一本知識含量豐富，卻不失於枯燥、充滿艱深理論的輕鬆讀物，它是一本豐富的概觀書，是許多重要熱門話題與研究的資訊入口，若想深入研究科技產業與趨勢的讀者，以這本書為導覽針對裡頭提到的議題作個人興趣研究不會有錯。它涵蓋了近一、兩百年來所有重要的科技沿革與發展，還有每一個爆發討論熱度的熱門議題，從人工智慧的「圖靈測試（Turing Test）」、機器人之父以撒 • 艾西莫夫（Isaac Asimov）於 1964 提出的未來五十年預言，在 2014 年竟實現了一半、以及其著名的「機器人三定律」能否適用，到雷蒙德 • 庫茲韋爾（Raymond Kurzweil）提出的「奇點迫近」與指數型科技，領域則從基因改造與重組、農業科技、人與自然的共存話題無一不括。讓人掌握科技產業對人類社會的重要影響和密切關係。

人類如何將抽象的幸福指數與具象的社會制度交會協調，發展出清晰的新社會？對現在的科學家、學者來說，科技的成長不再是困境，一個接一個新產品與技術的問世帶給人們激勵，然而，科技突飛猛進之後，我們的群體生活、社會制度要如何跟上科技的腳步？如何規劃、塑造新的面貌？如何使人類生活因科技變得更美好而非更複雜抽離？這當中需要投入更多努力的空間，考驗人性與心智能力，創造世界更美好的發展。

回歸到台灣本身，要尋求經濟成長出路，就得靠創新創業。在談創業的遠景前，作者帶領我們縱觀為何現在的創業家年歲越趨下降的現象，以及台灣年輕人在台創業的困境。

作者在書中用詼諧的語氣談這些影響世界變化的創業家——Zappos 的謝家華、Evernote 的菲爾・力班（Phil Libin）、特斯拉（Tesla）的伊隆・馬斯克（Elon Musk）——為什麼不斷「再次」成為創業家？也就是二次創業、三次創業的現象，創業家的基因裡有種不屈不撓的熱情，他們可以成功退場、可以失敗得灰頭土臉，隔天又會繼續創造事業，沒人能阻擋他們的創業家基因促使他們說服更多人和他一起改變社會。因為，創業在於可以探索自我的價值，以及透過自我價值「創造社會價值」。兩者間相互輝映，令創業者著迷不已。

台灣相較大國缺乏資源，對於市場規模與市場敏感度就必須比別人更強，B2B 企業追溯上游，只要找到關鍵環節就能看見商機，而 B2C 企業應當了解人們的真實需求，解決全世界共通的既存問題，將終端客戶放眼全世界，台灣可以不必裹足不前、瞻前顧後。

這也是一本探討新時代科技與人類生活的指南，作者更關心台灣在這波科技浪潮下如何找到專屬定位、扎穩腳跟、突破出口，語氣間充滿許多機智的想像和對台灣新世代出路的滿滿關心。

在每章節最後，都有幾條「讀後想像」，有許多值得深思的有趣發問。簡言之，這是一本通往未來世界面貌的鑰匙，裡面充滿許多等著挖掘和探討的入口，歡迎大家探索寶藏。

大國比腕力，小國施巧勁

政大商學系教授　吳思華

中國俗語說「文如其人」，本書正能回應這個貼切的描述。本書作者鄭志凱是一位長期關心台灣社會發展的旅美華人，也是一位富有人文情懷的創業投資家。鄭先生在國內完成大學與研究所教育之後，前往美國矽谷從事高科技產業與創業投資工作；他因為長期接觸美國、亞洲與台灣各地的產業動態，對東西方的創新與創業均有鞭辟入裡的瞭解。

這幾年來，鄭先生因為關心台灣社會，成為空中飛人，頻繁地回國投入台灣年輕人的創新與創業陪伴，並成立活水社企開發創投，致力於社會企業的推動。更難能可貴的是，他結合矽谷科技與創新的右派商業視野，與對台灣土地的熱愛和略帶左派的社會關懷，在《天下雜誌》專欄與《獨立評論@天下》長期撰寫文章，勤於筆耕。《小國大想像：創新創業，開發以小搏大的巧實力》一書便是集結他過去幾年所撰寫的深富啟發性系列文章而成。全書共分為前瞻力、創業力、創新力與制度力四大論述，是一本給關心台灣未來與年輕人「創意——創新——創業」的好書。

美國矽谷是科技與創新的全球典範，台灣許多政策與產業都以矽谷為師，但是台灣真的可以照抄美國的成功方程式嗎？台灣是小國，沒有足夠的資金與國內市場，和世界大國，例如美國、中國與日本等國相比，無法以拳頭與硬實力來抗衡；但若能善用小國的靈巧與敏捷來取得差異化，卻是可能的策略選項。本書主張小國的經濟成長模式有別於大國。小國邁向富裕各有其不同的道路，沒有現成的軌跡，他國的成功條件也不可能再複製。這對只有2300萬人口的台灣至為重要。身處全球大國競爭之林中，台灣如何自我定位、掌握區域利基，以小搏大，善用「巧實力」來爭取不可替代與或缺的競爭位置，是本書主要論述的主軸，也是作者對台灣的智慧建言。

我的研究專業是在策略與創新管理。在策略領域中，「環境——策略——結構」三者間的關係一直是一個重要的研究議題。經濟學古典學派學者阿爾弗雷德・馬歇爾（Alfred Marshall）在十八世紀末就人口對經濟發展的作用曾進行研究並指出：「人口增加可以帶來產業組織的發達，以獲得『大規模生產的利益』」。隨著人口所帶動大規模生產與消費，並進而導致的規模經濟（大量所導致的利益）與範疇經濟（多樣所帶來的利益）效果，除了可以促進產業全面發展的外部經濟效益之外，廠商也可以因為學習曲線來獲取資源使用與經營效率的內部經濟效益。故人口對國家總體經濟與廠商個體經營有絕對的密切關係。

本書指出人口大國因為有人口與市場的主場優勢，可以用物理力量來比腕力，直接對決；但人口小國只能用化學作用來施巧勁，借力使力。在本書中，這些化學作用就是創意、創新與創業的想像力與執行力，與因為瞭解自身限制條件之後，所展現的「小即是美」巧實力。本書中許多寶貴的發人深省觀念與洞察灼見，指引了小國台灣的未來可能。

台灣的經濟與社會發展正處在一個關鍵的轉折點，甚願此書，能引領讀者飛越矽谷與台灣，穿梭經濟與人文間，與作者一同遨翔於人文創新的大洋中！

速度，大衛，速度！

AppWorks之初創投創始合夥人　林之晨

以排行來說，台灣是世界的經濟大國，在全球191個經濟體中，我們的總體GDP經常名列前25，算是班上的好學生。只可惜如果你把數字再往下挖，這個班的考試成績，跟我們習慣的非常不一樣。

第一名的美國，佔全球經濟的23.8%，第二名的中國佔14.6%，再來是日本的5.7%、德國的4.4%與英國的3.5%，來到台灣，我們則是世界經濟產出的0.7%。換算成一般習慣的考試分數，假設班長美國是100分，那麼中國等於是勉強及格的61分，後面的日本只有24分，德國18分、英國15分，來到台灣，我們是可憐的3分。

換言之，世界經濟實力嚴重集中在少數強國，從第9名的巴西開始，所有人都比美國小10倍以上。來到台灣，美國已經是我們的33倍、中國則比我們大足足21倍。

如果再看人口，那台灣更是渺小，我們目前僅佔全球人口的0.3%，第一名的中國與第二名的印度，分別是我們的59倍與57倍。

所以，雖然經濟實力上我們勉強排進前段班，但事實是，我們是小國。在巨龍、巨鷹面前，我們不是小龍、小鷹，而是小老鼠。

DNA 的限制，讓小老鼠永遠沒辦法長大成龍——除非我們能奇蹟似的快速成長人口、人均生產數十倍，否則永遠不會擠身大國。換言之，在現實的世界，小國的經濟實力永遠不可能趕上大國。既然註定是老鼠，去跟老鷹比飛高，或是跟龍比噴火，是沒有意義的。既然強項是地上爬，那麼就該跟老鷹比跑得快，跟龍比穿叢林。

聖經上的大衛與巨人故事，就是這個寓意。大衛明確知道自己打巨人的戰爭，完全沒有優勢，但如果讓巨人打他的戰爭，就有機會取下對方頭顱。在大衛的世界，巨人速度慢、攻擊範圍小，因此大衛連裝甲都不穿，最大化自己的敏捷優勢，再選用彈弓這個長距離武器，因此根本不需要進入巨人的攻擊半徑，就能夠射倒他。

當年的聖經，提醒所有帶兵打仗的將軍，善用自己的比較優勢。而 CK 這本書，則是提醒當代的小國台灣，以及所有新創企業、年輕人，小傢伙們的機會在哪裡，又該用什麼態度與方法去抓住。

大想像推薦

（排序按來稿先後）

這是一本知識密度非常高的書，值得反覆閱讀與思索，更棒的是內容深入淺出文采燦然。我想，這本書能有如此的視野，大概跟作者身處全世界競爭最激烈的商業現場裡，不斷地親身參與，又不斷地抽身以更全面的角度來觀察有關。

我很贊同作者主張的，關心社會，願意改善社會，希望為既存的問題找到解決方案，這是創意最重要的動力，因此，公益與分享才是創意發想的根源。公益與分享，我相信這也是作者寫這本書的初衷。

作家　李偉文

熟悉鄭志凱先生的朋友，都會用 CK 稱呼他。當您用心讀完這本重要的書後，我相信，您也可以稱鄭志凱先生為 CK 了。

我是分成三天看完他的這本書《小國大想像》。因為每次看完一篇章節，我都需回味反芻並會心的微笑。不但因為學會用 CK 的眼睛看世界、看台灣；也是因為 CK 提醒我們必須誠實面對自己，並接受台灣是一個小國，我們才可以在紛紛擾擾中找到自己獨特的定位，只有讓這世界更好，我們台灣才可能更好。

漣漪人文化基金會共同創辦人　朱平

此書有趣易讀，每單元皆有獨特觀察點。大題至人類未來，小題至個人創業。核心清澈明確——創新與國際化。的確，現今，全球供給過剩、資金氾濫、資訊互通。只有創新，找出獨特價值，才是唯一法門。

思維重點不在度量單位，谷（矽谷）或島（台灣島），重點在於找出最佳價值定位（fitness）。策略關鍵不在於加減法調整規模，而是在於並重除法與乘法，找出核心與巧勁，放大價值創造。

個人董事會（Me Inc）、企業董事會跟國家董事會（Taiwan Inc）都相同，重大決策與執行一樣重要。本文所提微型跨國企業（micro MNC）是台灣董事會領導人應思考的模式。台灣的核心是中小企業，創業世代多在接班與策略轉折點。只有創新擁抱改變與走出國際格局，才能適應生存。

台灣董事學會發起人　蔡鴻青

透過作者宏觀的思維、深刻的思辨，以及深入淺出的筆觸，本書不僅能有效激勵創業家走向國際機會的企圖心，更勾勒出台灣追求創新轉型的新途徑。

台大國際企業學系教授、兼台大創創中心與學程主任　李吉仁

小大之分，常在視野、挑戰、機會與變革中取決。作者以《小國大想像》為書名，論述人生的視野，及創新創業的挑戰與機會，希望在台灣變革變遷的社會，豐厚見識謀略，打開自己的心靈，分享台灣可能大未來的想像。可以品茗閒閱，也可以在比較經濟及產業發展數據中，採集四實力（前瞻力、創業力、創新力及制度力）。何妨用心在現代商品社會中觀察台灣力？閱讀它，且開創「台灣商貿 v2.0」吧！

台灣師範大學講座教授、曾任櫃檯買賣中心董事長　吳壽山

自序

台灣出發　取道矽谷　走向未來

有位前輩作家說：寫文章，心裡要有目標讀者，文字才有重心。一不留神，我的「點矽成章」專欄居然寫了三年多，老實說，主要是有話要說，不吐不快，倒沒認真想過目標讀者在哪裡。

不過因為平日創投業務接觸的多是年輕人，最近幾年又參與許多連結矽谷和台灣的活動，往來的朋友有平均年齡逐漸下降的趨勢。看到年輕朋友不知天高地厚而無所畏懼，因為一無所有而不瞻前顧後，雖然困於現實卻不輕易放棄理想，下筆時，心裡難免經常浮起他們的影像。

過去、現在、未來，何者對人類社會比較重要？有人主張歷史不能忘記，如果不能記取過去的教訓，相同的錯誤必然會反覆發生；有人認為只有現在可以掌握，現在，是通往未來天梯的第一階；有人相信未來充滿無限可能，只要我們手中有一張可以實踐的藍圖。無論哪種人，不都在盤算著如何創造更美好的未來？如果不相信今天可以改變明天，明天可以比昨天好，那麼一代人的努力，甚至於人的生存，意義又在哪裡？

未來掌握在年輕世代手中，這不是場面話，而是時間的定律。只是在長幼尊卑嚴謹的東方社會，現在和過去受到更多的重視，未來受到忽略，甚至於排擠。而近年來台灣社會又被吸捲在過去的漩渦裡，無法抽身，終於失去了對未來的想像。因此，雖然台灣人口老化是個嚴重問題，更可怕的是社會心理年齡也在迅速衰老。

想要逆轉，唯有走向年輕世代，走向未來。

矽谷跟台灣有一點相像，都是移民社會。全世界的人才匯集到矽谷，每個人都有不同的過去，但都眼光向前，將心力投向未來。矽谷不是耶路撒冷，也不是麥加，或是菩提迦耶，也有人認為矽谷人急功近利，過於短視。卻不能不承認，矽谷人都是行動派，不怨天尤人，寧願把未來抓在自己手裡。更由於在創新和創業上的長期領先，他們站在潮流前緣，不但對產業發展的方向高度敏感，也對科技造成社會、人文、人類未來的衝擊有最深刻的體會。

台灣由現在走向未來，當然有許多途徑可以選擇，但如果取道矽谷，就像買了一張歌劇正式演出前的預演票，得到一個接軌世界、窺看未來的機會，也許對台灣未來經濟、產業、甚至於政治的發展方向，都能有更多的啟發。

過去三年多，我在《天下雜誌》維持兩個專欄，一個在紙版《天下》，一個在網路版的《獨立評論@天下》。這本《小國大想像》，近四十篇文章全部選自《獨立評論@天下》的「點矽成章」專欄。當初寫文章的時候，眼中看到矽谷，心裡想著台灣，因此字裡行間有不少對比、鞭策和期待，熟悉矽谷的讀者和比較不熟悉的讀者，看到這些觀點，或許有不同程度的反應、困惑，甚至於質疑。

因此在本書出版前，承蒙侯勝宗教授帶領他在政治大學和逢甲大學博碩士班的學生，對這些文章進行深度閱讀，並且代表這本書的未來讀者，在每篇文章之後提出三個「讀後想像」。這些好奇或疑問不是家庭作業，當然也沒有標準答案，目的只是在刺激思考，牽引更多的想像，因為「提出問題是尋找答案的第一步」。

要感謝的人很多。

侯勝宗教授是許多靈感的泉源，書名《小國大想像》出於他的建議，他的眾多學生也為這些文章加上多維度的思維。

《獨立評論》的前主編何榮幸，及幾位編輯三年裡給與我及時的鼓勵和鞭策，是我持續寫作的助緣。

遠流出版公司繼我的第一本書《錫蘭式的邂逅》之後，原班人馬曾文娟總編輯、鄭祥琳資深主編，及新加入的編輯江雯婷不吝厚愛，是這本書能夠用現在的面貌跟讀者見面最大的功臣。

最後，將這本書獻給所有逐夢和築夢的人，希望明天會因為你們而更好。

前言

小國經濟，致富要靠「巧實力」

目前全球大致有兩百個國家、準國家或經濟體系。若以國家總人口來區分，約略可以分為大型、中型、小型和微型國家四類。

類別	人口數	國別舉例	國家數	世界人口佔比	其他
大型國家	一億以上	中國、印度、美國、印尼、巴西、巴基斯坦、奈及利亞、孟加拉、蘇俄、墨西哥、日本、菲律賓、衣索比亞	13	65%（含越南、埃及）	越南與埃及的人口約 9000 多萬，十年之內人口必將超過一億。
中型國家	3 千萬至一億	英、法、德、義、南韓、泰國、緬甸、馬來西亞、哥倫比亞、阿根廷、秘魯、委內瑞拉……等	32	20%	
小型國家	3 百萬至 3 千萬	台灣、澳洲等	90	14%	
微型國家	低於 3 百萬	聖馬利諾等	70+	1%	

以一億人口為分界點，全球大型國家共有十三國，除了美、中、印度、巴西、日本、蘇俄等傳統人口大國之外，也有巴基斯坦、孟加拉、奈及利亞、衣索比亞這些未開發甚至於落於貧窮線之下的國家，

中間還有力爭上游的墨西哥、印尼和菲律賓。另外越南與埃及的人口約 9000 多萬，十年之內人口必將超過一億。屆時，這十五個國家的人口將佔世界人口的 65% 左右。

若以人口超過 3000 萬、低於一億為下一個區間，全球的中型國家共有三十二國。歐洲的先進國家英、法、德、義，東南亞的南韓、泰國、緬甸、馬來西亞，拉丁美洲的哥倫比亞、阿根廷、秘魯、委內瑞拉都屬於這個區間。中型國家人口佔全球人口 20%，大型和中型國家兩者合計共有四十五國，佔全球國家數 20%，人口數卻佔全球 85%，十分符合 20/80 的分配原則。

如果將小型國家定義為人口數落於 300 萬至 3000 萬之間，全球大約有九十個國家，人口佔全球 14%。台灣人口 2300 萬人，是小型國家中的大國，排名在台灣之前的九個國家多數是貧窮國家，只有澳洲人口略多於台灣，但經濟實力遠遠超前。

人口低於 300 萬的算是微型國家，全球大約有七十個左右，佔世界人口不到 1%，其中甚至還有人口只有幾萬人的超微型國家。例如位於義大利境內的聖馬利諾（San Marino），人口僅僅三萬。1871 年義大利境內各城邦決定聯合成立義大利共和國時，聖馬利諾選擇不加入，此後一百多年一直維持著獨立國家身份，到現在還是聯合國 193 個正式會員國之一。這世界上之所以存在著許多微型國家，都有類似的特殊時空背景。

人口數量和經濟實力有關嗎？

國家實力與經濟實力（GDP）和人口多寡自然有正向關聯。根據 2014 年資料，G20 的每一個成員國，人口都比台灣多。最接近的是澳洲，雖然人口剛剛才超越 2400 萬，GDP 卻高居全球第 12 名（台灣名列 26）。以全國 GDP 而言，二十個會員國中，阿根廷 GDP 略高於台灣，南非只有台灣的 70%，這兩個國家分別位於拉丁美洲和非洲的最南端，之所以能忝列 G20 會員，顯然有區域代表性的考量。

從另一個角度來看，在全球最貧窮的二十個國家中，除了阿富汗和海地之外，其餘十八國全在非洲。如果觀察這些國家的人口數，居然有高達十五國是屬於小型國家，大型國家只有衣索比亞，中型國家有阿富汗和烏干達。微型國家七十餘國中，貧窮國家也只有幾內亞比索（Guinea-Bissau）和葛摩（Comoros）兩國。

為什麼全球小型國家中貧窮落後的國家比例，比大、中或微型國家高出一倍以上？或是人口多寡跟人民富庶是否有正向相關？這都是值得經濟發展學家進一步研究的議題。

大型國家的優勢

理論上，大型國家的優勢是容易達到經濟規模，增加國際競爭能力。小型國家的優勢則是機動靈活，可以隨市場變遷或景氣循環而隨機調整，兩者各有優劣。但大型國家確實有幾項優勢，小型國家無法望其項背：

一、因為擁有廣大的國內市場腹地，本國公司能夠發揮主場優勢，掌握先機。

二、在國內可以完成有效而完整的水平或垂直分工，建立健全的產業鍵或生態圈。

三、資訊、知識或技術的擴散更具有時效性，少有跨越國境的路障（語言、合作關係、智慧財產保護等）。

話雖如此，小國仍然有各自的生存之道。全球人均 GDP 排第 1 名的盧森堡人口只有 50 萬，第 2 的瑞士 838 萬，第 3 名卡達（Qatar）230 萬，第 4 名挪威 527 萬，第 5 名才是人口大國的美國，可見人口不是決定人民富庶與否的唯一因素。

德、韓、以色列，台灣能學嗎？

台灣最近幾年由於經濟成長明顯減緩，對未來失去了方向感，跟南韓、中國、新加坡、香港的發展相比，更失去了過去四小龍時代的信心。因此難免四處追詢，希望藉他山之石攻錯。先是「韓國能，我們為什麼不能？」後來想到以色列四面楚歌，跟台灣處境相似，卻仍弦歌不輟，創新能量越發犀利。最近看到德國成為歐洲經濟、政治、文化的中流砥柱，又興起了一股「瘋德」的熱潮。

但是韓國漢江奇蹟、德國的萊茵經濟、以色列的沙漠玫瑰，真的可以在台灣複製嗎？除了以色列之外，德國人口是台灣 4 倍、韓國 2.5 倍，人口因素既不能忽略，也無法複製。

雖然人口不是決定人民富庶程度的唯一條件，但卻是一個重要參數。台灣如果要在國際社會中尋找參考座標，國家人口應該還是具有高度價值的一項指標。台灣既然是一個人口小國，不妨在九十個小型國家中，尋找一些參考點。

小型國家的生存方式

小型國家中比台灣經濟表現優異的國家所在多有，以下選出台灣較為熟悉、較具代表性的八個國家，來做一些分析。

國家	總人口	人口密度	面積	淨移民人數	出生率	2014GDP	人均 GDP
澳大利亞	24,309,330	3	7,596,666	204,621	1.92	1,442,722	61,066
台灣	23,395,600	661	35,410	0	1.07	529,597	22,600
荷蘭	16,979,729	504	33,717	22,001	1.75	880,716	52,225
比利時	11,371,928	376	30,277	72,736	1.82	534,230	47,682
瑞典	9,851,852	24	410,494	54,525	1.92	570,591	58,538
以色列	8,192,463	379	21,639	3,899	3.05	305,673	37,222
瑞士	8,397,477	212	39,507	76,453	1.52	712,050	86,468
香港	7,346,248	6,996	1,050	30,000	1.2	290,896	40,033
新加坡	5,696,506	8,138	700	79,587	1.23	307,872	56,287

（2014 年資料，鄭志凱製表整理）

這八個國家人口大都比台灣少（澳洲除外），人均 GDP 卻高出了 70% 到 300%。有哪些原因讓這些小國能夠擺脫小國寡民的限制，而在經濟表現上脫穎而出？從這八個國家中，大概可以歸納出以下幾大類因素：

一、許多國家扮演了區域金融中心的角色。瑞士、比利時是歐洲大陸甚至於全球的金融中心，瑞士前十大企業中有三家是金融機構，比利時則有四家。同樣的，香港和新加坡也在亞洲扮演了類似金融中心的角色。

二、這些國家雖小，卻是出口外銷的優等生。在全世界出口國家排名榜中，台灣排第 20 名，這八個國家中有五國人口比台灣少，出口排名卻排在前面。包括荷蘭（第 7 名）、香港（第 8 名，但有許多轉出口）、新加坡（第 12 名）、瑞士（第 17 名）、比利時（第 18 名）。而且這些國家的出口值佔 GDP 比例相當高，例如比利時高達 90%，荷蘭 72%，瑞士 60%，台灣也在 60% 左右。瑞典雖然出口比例不高，但有 Volvo（2010 年被中國吉利汽車收購），Ericsson，Electrolux 等老牌國際公司。

三、有些國家掌握了寶貴的自然資源。例如澳洲因為地大物博，擁有石油、稀有金屬、礦產各種天然資源，瑞典也有可觀的礦產和石油收入。比利時和荷蘭雖然本國沒有礦產，但拜帝國主義殖民時代之賜，比利時的 Umicore 公司掌握了剛果的銅、錫、鈾等礦產，荷蘭則擁有西方世界最大的石油公司 Royal Dutch Shell。

四、這些國家都高度國際化。荷蘭是歐洲最早崛起的貿易大國，1602 年成立的東印度公司的商船曾經縱橫七海，還為台灣引進第一批漢人移民。比利時的布魯塞爾，同時是比國和歐盟的首都。瑞典每年頒發諾貝爾獎，全球媒體關注，是學術界一年一度的盛事。瑞士兩百年來維持中立立場，與歐洲所有國家為善。香港與新加坡是亞洲英語最發達的地區，因此成為西方公司建立亞洲總部的首選。最特別的是以色列，雖然獨立建國不到七十年，但全世界一千萬猶太人掌握全球金融、政治、文化、科學可觀的實力，成為以色列跟世界接軌最重要的資產。

從以上的分析可以了解，小國邁向富裕各有其不同的道路，沒有現成的軌跡，百年前的歷史條件也不可能再複製。以上四類因素中，台灣已經失去成為區域金融或營運中心的機會，又缺乏天然資源，國際化程度近十幾年不進反退（前表九國中只有台灣的外國移民人數掛零）。唯一具有良好基礎的是出口外銷，但是因為產業轉型緩慢，加上與中國大陸產業重疊，溫水煮青蛙，也逐漸失去了國際競爭的優勢。

台灣還可以做什麼？

但從另一個角度來看，台灣仍然擁有不少獨特的條件，其中包括：

一、勤奮、聰明的優質人才，期待在適當的舞台一展身手。

二、亞洲是全球人口最多的區域，也是未來世界經濟發展的亮點，台灣擁有無可取代的地利之便。

三、中國大陸在世界經濟中扮演的角色將持續加重，台灣位居唇邊，又有同文同種之誼，雖然統獨的齟齬始終存在，但是利害相權，應該還是利多害少。

四、過去三十年經濟發展，台灣累積了相當的資源，可以作為進一步發展的墊腳石。

台灣繼續往開發中國家的道路邁進，雖然一路上有不少先行者可供參考，但是時、地、物大不相同，唯一可以仰仗的，只有善用以上客觀的獨特條件，加上主觀的決心和努力。托爾斯泰有一句名言：「幸福家庭的故事大同小異，不幸的家庭的故事各不相同。」這裡不妨套用這句話：大國邁向富裕之路都似曾相識，小國致富之路卻各具巧思。人口大國質量大，可以用物理力量來比腕力，小國只能用化學作用來施巧勁。作為一個人口小國，台灣要以小搏大，只有靠「巧實力」。

實力 1

前瞻力

走向世界，走向未來，台灣，
你給人類的禮物是什麼？

01.

幸福經濟＝幸福＋經濟？

**幸福是一隻難以捉摸的小精靈，是無法探測的脈搏。
要把這樣古靈精怪的幸福關在經濟學硬邦邦的鐵籠子裡，
其難以駕馭可以想像。
也許正好把經濟牢籠打開，看看這古怪的小精靈，
能把我們的經濟發展帶到什麼樣的新天地？**

無論你是否到過不丹，大概都聽說過不丹是個幸福的國度。雖然年人均所得不到2500美元，但在這小小王國，人人「發自內心的幸福出於言表」。現代社會裡，贏者全拿的資本主義似乎走到了山窮水盡，不丹這樣一個與資本主義背道而馳卻充滿快樂的國度，給對資本主義失望的人帶來了一絲希望。

不丹是幸福經濟最早的提倡者，早在1972年，不丹國王便勇敢地說：我們要快樂，不要GDP。然後提出了「國家快樂指數」（Gross National Happiness，GNH）。

這些年來，許多台灣人迷上不丹，去一次不夠，有人去了七次、八次、十二次，但卻不太聽說有哪些人移民到不丹。同一個時期，許多人選擇移民到美國，雖然那裡生活緊張、競爭激烈，是個人吃人的世界；也有許多人選擇到中國闖蕩江湖，雖然那裡霧霾籠罩、生態惡劣，是個環境吃人的世界。

為什麼人的嚮往和人的選擇有這麼大的距離？不丹的幸福只有不丹人才能擁有？還是不丹的幸福只是旅人的想像，他鄉人的移情作用？還是，其實人追求的先是經濟，其次才是幸福？

這些問題不免牽涉到：幸福經濟真的可以能夠帶來幸福嗎？幸福來源在哪裡？甚至於，幸福究竟是什麼？

幸福經濟的兩種論述

如果把幸福定義為快樂（happiness），那可是百分之百主觀的個人心理作用，一無所有的窮打鐵匠，也可以比予取予求的國王更為快樂。如果把幸福定義為福祉（well-being），那就得問：如果全國所有的打鐵匠都一無所有，這是不是社會的問題？他們成為打鐵匠，是否因為別無選擇？國家是否應該提供機會，使得技藝超群、別有才情的打鐵匠，有一天能夠更上一層樓？

如果說快樂就是個人需要能夠得到滿足，像打鐵匠甘於現狀，無憂無慮，這是英國哲學家邊沁對快樂的主張。如果說快樂是一個人能夠掌握機會，自我實現，即使是一個打鐵匠，也能夠發揮他最大的潛能，這是希臘古哲亞里士多德的觀點。

因此所謂幸福經濟，有一個令人困惑的雙重人格。一種是邊沁式、相對主觀、訴諸個人感受的幸福經濟。就好像幾年前，馬總統氣急敗壞地要求政府部門施政要讓人民有感。只是一樣米養百種人，人人好惡不同，以至於政策無所適從，往往順了姑意拂嫂意。一種是亞里士多德式，嘗試建立一套可以客觀衡量的幸福指標，由此設計各項經濟政策，打造全民的幸福未來。例如不丹王國建立的國家幸福指數，或者是「經濟合作暨發展組織」（OECD）建立的「美好生活指數」（Your Better Life Index），兩者都主要採取亞里士多德式的客觀快樂思維，但也加入部份邊沁的主觀快樂感受。

台灣行政院主計處便根據 OECD 的「美好生活指數」，公佈台灣的國民幸福指數。根據 2015 年綜合指數，在 37 個國家中，台灣排名第 18，但在亞洲排名第 1，高於日本及南韓。這個結論似乎跟老百姓的感受有嚴重的落差，因此中華徵信所自行另作調查，結果發現台灣人的幸福果然落在日韓之後。可見制定幸福指數固然重要，客觀的數據才有實質的參考價值。

幸福指數不能展現的真相

OECD 提倡的「美好生活指數」一共評估十一個領域，二十四個指標，其中三個領域有關物質生活（居住條件、所得與財富、工作與收入），八個領域有關生活品質（社群關係、教育與技能、環境品質、公民參與及政府治理、健康狀況、主觀幸福感、人身安全、工作與生活平衡）。評估的方法大部份依據客觀數字，少數透過民意調查來了解人民主觀感受。（例如詢問受調查者：你自認健康嗎？你自認幸福嗎？）

綜合評估十一個領域，當然比追求 GDP 一個單獨數字來得周全，只是這足夠反映出人們對幸福的憧憬嗎？譬如說：除了所得與財富高低之外，低所得與高所得的差距是否才是社會不滿的根源？除了追踪謀殺犯罪率之外，自殺率是否更能真實反應某些人對追求幸福的徹底絕望？平均壽命逐年增加固然值得慶賀，但生命末期的生活品質如何衡量？

不丹王國廣受稱譽的國家快樂指數包含九個領域，三十三個指標，這九個領域有許多跟 OECD 重複。但其中有兩項較為特殊：文化多樣性及韌性，和生態多樣性及韌性。

以文化多樣性為例，不丹建立了四項指標：語言，傳統技藝的傳承，文化活動參與，以及傳統服飾和禮節。就以參與文化活動這個指標來說，一個公民如果每年能夠參加六天以上的文化活動，就算達標，天數越多，快樂指數越高。傳統服飾和禮節也很獨特，藉著這個指標，既保護傳統不被現代文明所污染，也維持了一個上下有節的和諧社會。

不丹王國寧要快樂，不要發展，得到很多人的讚歎。只是不知道這些人是否同時注意到，以現代文明標準而言，不丹其實是一個極為落後的國家，全國識字人口只有 50%，社會階級意識牢不可破（傳統服飾也是維持社會階級的一項工具），男女地位懸殊，一夫多妻是正常現象，前任國王在 1988 年結婚時，他於一天內同時正式娶入四位姊妹做為王后。

不丹人究竟多快樂，局外人難以揣摩，也不容置喙，只是時代巨輪不斷滾動，這樣緊緊抓住傳統不放的快樂可能持久嗎？

果不其然，現任總理在 2012 年上任後，他便宣布不再強調國家快樂指數，而將施政方針導向於如何清除阻擋快樂的障礙，其中包括加強基本建設如修橋造路，以及每一個農村配置一台自動耕耘機等等。

自己的幸福經濟，自己打造

經濟最終的目的是什麼？經世濟民嗎？聽起來冠冕堂皇，其實最卑微的目的不過是希望幫助多數人趨向幸福，遠離苦痛。以 GDP 為單一發展指標，顯然跟這個目的不能對焦。能帶來一線曙光的，或許是幸福經濟，或許是民生經濟，或許是福祉經濟，無論哪一種觀念，終究必須處理以下幾個關鍵問題。

- 幸福感有很高的在地成分，必須是在地人切身關切的生活品質議題，而不是外地人認為應該具有的品質。美國人不能了解台灣人渴望什麼樣的幸福，同樣的，台灣人也不適合對不丹或大陸指指點點，告訴他們幸福應該從哪來。
- 幸福固然是主觀的感受，但要形成經濟政策，必須要有適當的客觀量度。對於完全主觀的快樂，心理學比經濟學更能使力，性靈培養和宗教功能比經濟手段更為有效。但要談幸福經濟，總是不免要跟政策接軌，又要同時建立主觀感受的回饋迴路，來衡量政策的效果。
- 增加幸福和減少苦痛的重要性並不對稱，一個人追求幸福沒有上限，能夠承擔的苦痛卻有上限，因此經濟政策中，減少苦痛應該比增加幸福更為重要（例如失業比低工資痛苦，政策應該以增加就業為先，提高工資其次）。

- 穩定固然是幸福的來源之一，停滯卻不是。個人有充分自由選擇拒絕現代化，社會既無權利、也沒有力量阻擋現代化，幸福經濟能做的是順勢而為，迎現代化之利，避現代化之弊。
- 任何幸福或生活品質的量度，一定是多向面（例如 OCED 有十一項領域、二十四個指標）。不同的國家要能分出排名高下，就必須將各個指標加權平均，最後產生單一指數。但是不同的國家處於不同的發展階段，可能對某些領域給予的權重不同，例如開發中的國家，成長可能較為優先，而已開發的國家，經濟平等和社會流動也許更為重要。事實上，以英國和法國推動的國家福祉指標為例，它們不再計算綜合指數，進行國與國間的比序，而更重視本國各單項指標的長期追踪。

幸福是一隻難以捉摸的小精靈。亞當史密斯說幸福是無法探測的脈搏。它像多年夫妻的愛情，擁有時往往忘記它的存在。它也像在餐廳吃飯，隔壁桌客人點的菜色總是看起來比較好吃。它又像一種期貨，未來漲跌的走勢反映在今天的價格。

要把這樣古靈精怪的幸福關在經濟學硬邦邦的鐵籠子裡，其難以駕馭可以想像。不過我們還有什麼別的選項嗎？也許正好趁著這個機會，打開市場經濟、完全競爭、放任管理這幾根鐵柵欄圍起來的經濟牢籠，看看幸福這古怪的小精靈，能把我們的經濟發展帶到什麼樣的新天地？

{讀後想像}

★ 近年台灣開始對人人朗朗上口的「小確幸」提出反思，甚至有人批評「台灣窮的只剩小確幸」、「小確幸阻礙人們追求更高遠的目標」，小確幸究竟與幸福經濟有何差異或關聯？小確幸可以帶來幸福嗎？

★ 由於地域、民族和文化不一，不同的人表達方式不一樣。五分制為例，東方人比較含蓄，一般不習慣給到滿分，而西方人比較熱情，一般都會給滿，但是二者對幸福的感知未必有差異。那麼應該如何去測量所謂的幸福指數呢？

★ 如馬斯洛需求層次理論所指，人的需求層次是不斷上升的，例如50年代的中國人僅吃飽喝暖就好，精神也非常富足，那必然比現代人要有幸福感。那麼所謂的主觀和客觀幸福真的是可衡量的嗎？

02.

1964，2014，2064

**1964 年，艾西莫夫參觀在紐約舉辦的世界博覽會後，
寫了一篇文章描述五十年後的世界。
如果換成你我今天來做 2064 年的預測，
才會發現難的不是某件事會不會發生，而是什麼時候發生。**

中文成語裡有所謂「著作等身」的說法，但在紙印刷時代，一位作者的作品疊放起來能跟身高相等，總需要一百本著作以上，因此稱讚某人著作等身不過是一句應酬話罷了。但二十世紀最著名的科幻小說作家以撒·艾西莫夫（Isaac Asimov）一生出版了五百本書籍，不僅著作等身的美譽當之無愧，平均一個月出一本書的速度，歷史上恐怕無人可及。

1964 年，艾西莫夫參觀在紐約舉辦的世界博覽會後，寫了一篇文章描述五十年後的世界博覽會。2014 年開春，讀他五十年前的預言有如讀瓶中信，跟現實兩相對照，科技進步、社會脈動和兩者的互相影

響彷彿歷歷在目。

艾西莫夫的預言

作為一位傑出的科幻小說作家，又是大學生物化學教授，艾西莫夫豐富的想像力加上專業知識作為後盾，五十年前他的一些預言準確地令人驚嘆，例如：

- 窗戶可以隨著光線調整透光程度（2014 年，View Dynamic Glass 宣布完成一億美金的增資，準備加快在美國各大城市佈建智慧玻璃的腳步）。
- 汽車裝置了反應敏捷的機器人腦（robot brain），無需笨手笨腳的人類駕駛，也能在人群中行駛自如（過去幾年裡谷歌的無人車已經在馬路上行駛超過一百萬英里）。
- 巨大笨重的 CRT 電視機被淘汰，全部變成平板電視，掛在牆上，可以放映 3D 真人尺寸的芭蕾舞表演（Samsung 在 CES 消費電子展會場裡展出對角長度三公尺的弧面電視）。
- 電話不再只有聲音，也不止加上影像，文件、檔案都可以雙方即時相互傳送（這不就是 Skype，Facetime 或 Webex 嗎？）。
- 大型太陽能發電站將出現在亞利桑那州、中亞等沙漠地區（位於亞利桑那州、耗資 20 億美金的 Solana 在 2014 年開工運轉）。

- 許多重複性的例行工作將被機器取代，人的工作只是在操作機器。學校的教育也不得不跟著改變（這簡直就是大型開放式線上教育 MOOC 的預言）。
- 雖然人類整體的物質生活遠比 1964 年豐盛，但以相對水準而言，更高比例的人口將相對更為窮困（果然這些年來 M 型社會越來越嚴重）。
- 世界人口達到 65 億人，平均壽命 85 歲（雖不中亦不遠矣，2015 年底世界人口 73 億人，平均壽命最長的日本人平均 84 歲）。

艾西莫夫的預言涉及的層面很廣，食衣住行無所不包，因此也有不少預測不但在 2014 年沒發生，可見的未來恐怕也難以成為現實。

- 穴居較不受天候影響，原本就是較為節省能源的居住方式。艾西莫夫預測建築將從向天空轉為向下發展，都市地下化，空出地面空間，留做公園或農業使用。同時也出現了深海城市，不但可以有效開發海洋資源，也讓愛海人得以充分享受種種海洋活動。
- 智慧型的廚房可以自動準備食物，前一天晚上預定早餐，第二天上午煎蛋、麵包、咖啡一切就緒。只有少數人在廚房留了一個小角落，偶爾自己動手下廚。

- 傳統農業將難以負擔人口成長，由於微生物成長速度快，養殖海藻和酵母菌的農場將大量出現，海藻吧（algae bar）隨之問世，提供火雞、牛肉等各種口味的海藻食物。
- 許多人無事可做，無聊成為流行疾病，四處傳染，一年比一年嚴重，以至於心理治療師成為最夯的職業。
- 休假成為常態，甚至經常被迫休假，結果「工作」成為犒賞，一種榮耀。

從後視鏡裡照看來時路，每個人都有後見之明。艾西莫夫五十幾年前的種種預測，現在我們回顧，說中者好像也不甚稀奇，不中者又讓人啞然失笑。

預測的軌跡與斷層

但如果換成你我今天來做 2064 年的預測，才會發現其實難度真高。難的不是某件事會不會發生，而是什麼時候發生。更難的是，歷史軌跡難免遭遇斷層，今天的世界，距離斷層還有多遠？

每一代人都覺得當代是歷史上最複雜多變的時代，未來的世界想必也是如此。不過近代文明如果用 1517 年馬丁路德將九十五條論綱貼在教堂大門那一天作為起點，這五百年歷史基本上順著科技文明、民主制度、全球經濟三條主軸，每一條軸線又分別遵循著接近線性的軌跡發展。

但在未來五十年，這三條主軸之間不見得一定相輔相成，反倒可能互相牽制，產生許多過去未曾經歷過的挑戰，歷史即使不為之轉向，也可能佇步在斷層前，躊躇難進。

未來的五十年，人類最大的挑戰不是科技，而是制度，也就是人和人之間該如何相處的模式。至少有三個問題，如果我們不能發展出妥善的對策，人類文明很有可能面臨前所未見的斷層。

首先是個人和團體利益的抉擇。歷史上自由與保守、左派與右派的鬥爭從未間斷過，依據美國社會心理學者海特（Jonathan Haidt）的分析，這兩者的對立來自對於道德的認知權重不同。

他認為人類社會的道德構成有六個基礎：彼此關懷，不傷害對方；追求個人自由，反抗團體迫害；公平，不欺騙；忠於團體，唾棄背叛；服從權威，不搗蛋作亂；追求高尚神聖。六個道德基礎各自分立，卻又相互衝突。自由派擁抱個人福祉，同情弱小，常視團體紀律為霸凌；

保守派主張覆巢之下無完卵，團體利益是個人利益的總和，為了團體利益的極大化，少數個人利益不妨犧牲。

在眾聲喧嘩的時代，自由與保守派各持聲浪越來越大的科技揚聲器，中間理性的聲音相形怯弱無力。在未來五十年裡，左右兩派的近距離肉搏，不知戰況將如何慘烈，究竟雙贏還是雙輸。這是第一個可能的斷層。

跨國界的大挑戰

其次是國家和國際社會利益的抉擇。國家制度雖然只有短短兩百年歷史，但已經成為團體利益最具體的象徵。過去國家最顯著的功能是建立軍隊，保衛國民安全。但未來全球大型戰爭難以發生，國家最主要的功能剩下賦稅，國家有徵稅的權利，國民有繳稅的義務，稅賦一面提供社會財富再分配的機制，一面建立社會最基本的安全網。賦稅的權利義務已經成為現代國家最深刻、最牢不可變的疆界，也是國與國間難以弭平鴻溝的重要原因之一。

今日世界最棘手的問題全部都是國際間的問題，一國之力無力解決，諸如人口成長問題，恐怖主義、國際犯罪、貧窮問題，移民問題，地球生態問題等。但在現行國際制度下，國與國間既沒有機制有效達成協議，達成協議後也不見得能夠得到國內的支持。

舉一個現成的例子。解決地球暖化問題最釜底抽薪的方法是徵收碳稅，排碳量大的國家付費給排碳量低的國家，擁有熱帶雨林的國家不必開發森林，卻可以因為提供全球新鮮空氣而創造收入，或者是北京必須為漂流到台北的霧霾付出成本，美國消費者也該為中國工廠因滿足他的需要而排出的二氧化碳付費。

可惜的是空氣無邊防，稅收有國界。全球利益沒有全球機制進行協調，國家機器為爭取國家利益，常常罔顧人類利益，這是第二個可能的斷層。

還有一個可能的斷層，就是世代間的利益協調，或是所謂的世代正義。前人種樹後人乘涼是一件美事，可以永續，前人消費後人買單卻不能持久。然而現在各個民主國家的政策傾向於討好當代的資源擁有者，設計出各種社會福利來買票，卻犧牲未來世代的利益。特別像是地球環保這一類的慢性疾病，病徵不明顯時，無人理會，二、三十年後，發起病時已經噬臍莫及。

正如艾西莫夫五十年那些被他料中的預測，科技向面、個人生活的預測容易。例如，我們不妨大膽預測，2064 年時，人與人之間沒有語言障礙，各種語言可以即時相互翻譯；或者是人機界限模糊，人的許多器官被機器取代，機器也成為我們感官的延伸等等。

然而困難的依舊是有關社會面、群體生活的預測。除了不會有地下城市之外，2064 年的未來人會比較快樂嗎？學會了如何跟不同的人相處嗎？發展出一種不給地球和後代人留下負擔的生活形態嗎？但願如此。

{讀後想像}

★ 從人類過去的歷史來看，人們為個人及團體利益的掠奪與競爭從未間斷，「科技進步」可以改善整個問題嗎？科技可以促進和平、互助與友善環境的實現，還是增加競爭、對抗與環境惡化？

★ 我們可以對未來做許多的想像與預測，但為什麼無法有效地採取行動來預防環境破壞、戰爭、疾病與資源競爭及耗盡？為此，台灣可以怎麼做？在國際上可以怎麼做？

★ 文章中提到的國家和國際社會利益的衝突，難道不是一向存在嗎？為什麼未來五十年裡，可能成為一個文明的斷層？

03.

無人機浪潮捲起千堆雪

無人機能夠為人類解決許多問題，創造前所未有的機會，
但也同時帶來新的挑戰，前所未見的威脅。
台灣是無人機領域明顯的落後者，
但是無人機的應用與公共政策的發展恐怕遲早必須面對。

能夠像鵬鳥般隨風自由翱翔，恐怕是自古以來當人類仰望天空時，心中不由升起的無限嚮往。傳說中，十七世紀某日，君士坦丁堡的地標加拉達塔（Galata Tower）上，一位異人穿戴上自造的滑翔翼，自五十米高的觀望台上縱身一躍，橫度六公里寬的博斯普魯斯海峽，在對岸小亞細亞降落。當時的蘇丹大驚失色，以為此人具有特異功能，連忙把他放逐到阿爾及利亞。

記載在信史上，正式掀開人類飛行世紀的應該是 1903 年萊特兄弟的第一次飛行。兄弟倆最主要的成就是設計了控制裝置，他們坐在兩人座的飛行機器上，自地面起飛，在空中周旋了一圈，然後安全重回地面。從此之後，人類活動的範圍，從水平到垂直，從 2D 的地表面，擴大到 3D 的大氣層；空間與時間的轉換，也有了一個新的函數關係。

無人機的市場規模

一百年後，另一個重大的空間革命又在逐漸醞釀。

這一次，飛行機器不再以載人為目的，而是成為了無人航空載具（Unmanned Aerial Vehicle，UAV）。它跟幕後操控的人類兩者的關係，有如雄蜂（drone）和女王蜂，無人飛行器是雄蜂，雖有功能，但只知依令行事，接受女王蜂般的人類發號施令，因此 UAV 又俗稱為雄蜂機（drone），一般中文翻譯為無人機。

飛行器通常提供兩類功能：一是作為人類的交通工具，將某人從甲地載運到乙地，另一類功能則是運送物資，或者是執行某些特定任務，像是轟炸、偵測、攝影等等。當人工智能越來越發達，控制機制越來越精準，在第二類運送物資的功能上，飛行員的角色便可有可無。無需負載飛行員的飛行器具，體積可以更小，成本更低，結果產生了許多創新的設計和應用。

無人機依其用途大約可以分成三類：軍事（大型、長程、高飛行高度）、商業（中小型、短程、中飛行高度），以及休閒用途（小型、低飛行高度）。初期驅動無人機技術發展的動力自然是來自軍事需要，例如目前美國在中東部署的無人飛機數量已經是載人飛機的 2 倍。2012 年全球軍用無人機市場約 73 億美元，每年 8% 成長，2017 年將到達 107 億美元。至於民用無人機市場（包括商業及休閒用途）成長更是可觀，有人預測 2013 年市場規模為 113 億美元，十年間卻有可能暴衝至 1400 億美元，大約是現在全球半導體市場的三分之一。

成本優勢，無人機海闊天空

商用無人機的未來應用有無限的想像空間。但大致來說，無人機在兩種功能上，跟其他選項相比具有明顯優勢：運輸物資，以及影像取得。前者不只無人機的運輸成本遠較載人飛機為低，更能克服地面運輸的種種困難（例如偏遠地區或災難現場）。此外無人機可以利用居高臨下的優勢，取得清晰影像，進行分析研判，然後採取最佳的對策。

2014 年 5、6 月合併號的《麻省理工科技評論》（*MIT Technology Review*）列出了年度十大突破科技發展趨勢，其中之一便是無人機在農業上的運用。一台售價低於一千美金的無人機，配上 GPS，照相機，以及各種感應器，定期空拍農地上作物的生長狀態，收集顏色、紅外線、天候等數據，分析判斷植物健康與否，需水程度，病蟲害感染，然後適當調整灌溉給水、施肥殺蟲等等措施。利用無人機技術，可以大幅提高農業生產效率，減少對生態的衝擊。

用同樣的鳥瞰角度，無人機自然也可以勘察森林大火的高風險區，河流的污染程度，工廠的廢水處理，或者是天候洋流的變化。利用無人機來執行這些任務，無論投資成本和運營費用都能大幅降低。

在物資運輸上，無人機具有相同的成本優勢。亞馬遜公司 2014 年申請了一個專利，透露出總裁貝佐斯的願景是發展出專屬無人機機隊，有一天，可能取代粗魯莽撞的送貨人員，將客戶訂購的各種書籍或商品準時牢靠地一一宅配到戶。

世界人口雖然已經逐漸向城市集中，但是鄉村及邊遠區域幅員廣大，對於關鍵物資（例如醫藥）的運送造成挑戰。MIT 及哈佛的研究團隊便發起了相關的研究計劃，並且得到蓋茲基金會的支持，利用無人機無遠弗屆的能力，將疫苗、長期服用或緊急治療的藥品，及時送到迫切需要的地區。

至於無人機在消遣活動上的應用，更是海闊天空，任由人的創意想像自由揮灑。國家地理雜誌已經推出無人機攝影大賽，2014 年 7 月揭曉了第一屆獲獎得主。過去看煙火，大家仰頭遙遙眺望，有了無人機攝影，一位尋常攝影愛好者可以從煙火中觀賞煙火。甚至於城市的夜空也成為大幅畫布，藝術家以無人機為畫筆，推出一場場前所未見的無人機聲光秀。任何有些企圖心的電影或 CF 攝影師，如果還不趕快學習如何操作無人機攝影，推出嶄新的視角，恐怕是專業技能開始退化的跡象。

顛覆式創新，之後呢？

最近幾年硬體創新的領域中，3D 印表機、機器人、無人機，應該是三個最熱門的話題，報章雜誌成篇累牘的報導。因為這三種顛覆式的創新，不只牽涉個別產業的發展，甚至於影響到經濟結構、社會次序、和法律規章的修訂。

其中無人機所帶來的社會衝擊，最為令人關注。

我們的感知和行動，從來侷限在眼耳鼻舌等五官和手足四肢所及之處，這固然造成限制，但也將一個人專屬的私密空間，規範在一個較小的範圍，反而減少了人與人彼此間的干涉和侵擾。但是無人機科技等於為我們安裝上千里眼、順風耳、風火輪，雖然延伸了我們的五官與四肢，也同時增加了侵犯他人財產和隱私的可能性，因此不免形成了許多新的衝突。

這些衝突可以從以下的例子舉一而反三：

- 傳統土地所有權的範圍從天堂到地獄，但是二十世紀飛機的出現顛覆了空中所有權（air rights）的定義，領空從此被視為空中高速公路，為全民所共有，土地所有者僅擁有某一高度之下、自己可以合理使用的空間範圍。因此警察直升機可以穿越私有土地，隔壁鄰居的天線卻不可越過圍牆，萬一果樹樹枝越界，我有權加以剪裁（但果子仍屬原主人）。現在無人飛機出現，甚至於裝置了照相機，隔壁的無人機可以飛到我的後院嗎？有沒有高度限制？能否攝影錄像？
- 我可以操縱一台無人機飛到 101 大樓 79 樓谷歌辦公室的會議室窗外，拍攝會議的簡報內容嗎？（法國足球隊便曾經抗議他們在世足賽前練球時，被無人機偷拍。）谷歌要向誰舉報？如何舉證呢？
- 美國聯邦航空局（FAA）規定高度在 120 米以上的無人機飛行，都需事先獲得特殊飛行許可（2014 年 6 月 FAA 才正式核准第一張商業飛行許可）。將來無人機飛行頻率大幅增加，這樣的嚴格管制，實務上可行嗎？如果放寬管制，標準如何訂定？如何保證公眾安全？
- 理論上個人休閒式飛行應該採取採取較寬鬆的管制，但如何區分個人休閒飛行與商業飛行？

- 城市人口密度高，高樓林立，是否需要規範禁飛區？相反的，是否應該規畫專屬休閒飛行區，或是特定的無人機飛行航道？
- 汽車機車需要牌照，自行車卻可免。無人機呢？還是某種規格以上，必須申請牌照？（依現在五花八門無人機的形式和功能，這項工作將比想像中複雜。）
- 無人機的操控人，需要申請飛行執照嗎？申請執照的程序裡，可需要「路試」？
- 路面駕駛有交通規則，無人機在空中飛行，有沒有飛行規則？誰能執法？需要設立空中警察嗎？
- 無人機勢必讓社會破壞份子更容易進行恐怖行動，擾亂社會秩序。人身炸彈都已經難以防範，更何況無人機炸彈？在無人機應用範疇不斷擴大時，如何能同時建立一個安全周詳的制度，使得人類社會能蒙無人機其利，卻不受其害？

從以上的例子不難想像，就像任何顛覆式創新，無人機能夠為人類解決許多問題，創造前所未有的機會，但也同時帶來新的挑戰，前所未見的威脅。

在無人機這個議題上，台灣既無科技，也無產業；既沒人關心無人機的應用，更沒人留意公共政策的發展；跟許多國家相較，台灣是無人機領域明顯的落後者。台灣固然地狹人稠，無人機的市場和應用與地廣人稀的美國不盡相同，但是以上問題恐怕遲早必須面對。

期待有識者能夠及早未雨綢繆。

{讀後想像}

★ 台灣最近在前民航局局長張國政帶領下成立了無人機應用發展協會，台灣發展無人機，應該是發展產業，還是發展運用？在運用上，我們是否有夠深的底蘊？（如：日本 YAMAHA 在農業無人機上超過三十年的運用、實績與其發展優勢等）。

★ 在無人機的例子上我們看到大陸的 DJI 與其他廠商百家齊放，台灣還可以找到什麼樣的機會？有哪些可以掌握的運用無人機的角度？

★ 天空的鳥有想到越來越多會飛的機器與其爭奪空權嗎？

04.

舌尖上的矽谷，食物的未來

這些食品新創公司都面臨一項共同的艱難挑戰：
究竟是否能夠通過人類味覺的終極考驗？
台灣是美食者的天堂，素食文化更是源遠流長，
如果善用口味和口感的優勢，不無一搏的機會。

矽谷雖然以創新聞名，卻從來不是美食家的天堂。雖然有許多身價不菲的科技新貴，但他們對創業都過於投入，沒有心思講究美食。雖然也有像愛莉絲．華特斯（Alice Waters）這樣全球知名的美食大家，可是如果計算米其林星星數與 GDP 的比例，矽谷一定排名在後段班。

但是這幾年矽谷許多創業家、創投業者開始攜手合作，悄悄地掀起一場食物的革命。

加州是美國的農業第一大州，農場牧場每年的經濟產值 426 億美金（台灣農牧業產值約 130 億，不到加州 1/3），大家都知道加州盛產牛奶、葡萄酒、葡萄乾，但是可能不知道美國 99% 的杏仁堅果、94% 的番茄加工食品也來自加州，甚至於連作為動物飼料的牧草，每年也有12 億美金的產值。

也許正因為加州在農牧業的高度參與，以及對各種公共議題一貫持有的前衛觀點，加上最近生物科技的進步，導致許多創業者開始從美食以外的角度來思考、創造食物的未來。

以食物革命改善地球

首先是食物轉換效率的考慮。動物吃植物，人再吃動物，跟人直接吃植物相比，從陽光、空氣、水、碳磷鉀到食物的轉換多了一層，效率自然較低。有一個說法是：生產一磅的牛肉所消耗的能源和土地是一磅穀物的十六倍，需要的水量更高達一百倍。這樣的數字雖然並不是所有人都同意，但即使打個對折，面對全球二氧化碳濃度增加、氣候暖化、水源枯竭的冷酷數字，以及地球人口不斷增加，糧食短缺的威脅，少吃肉多吃素的主張得到越來越多人的共鳴。

其次是對於動物生命的尊重。畜牧業者為了競爭，用盡手段降低成本，增加單位產出，例如減少動物活動空間，既可以增加每平米養殖數量，又能減少動物消耗能量，長肥肉而不長肌肉。加州有一項法律在 2015 年生效，規定畜牧業者畜養的牛、豬、雞隻必須有足夠的活動空間，讓他們可以躺下、自由轉身、伸展四肢（由此可以想像立法前這些動物遭受的待遇）。此外各種抗生素的大量使用，後果終將轉嫁到人類，一旦發生傳染病，又不得不將養殖場內所有的動物全體撲殺，這些都是現代社會大量依賴以動物為主要食物必須承擔的代價。

最後是營養保健的角度。紅肉白肉、動物性蛋白、植物性蛋白的優劣比較，已經有非常多的論述。雖然不是所有人都主張素食，也不見得每個人適合素食，更不需要人人都變成素食者，但是白肉或者是植物性蛋白副作用較小的觀點，應該大多數人都可以接受。

基於以上的原因，矽谷許多新創公司不約而同地企圖開發新的食材或加工方法，用植物性蛋白來取代動物性蛋白。

創投大老的投資新天地

其中最受矚目的三家公司分別嘗試用植物蛋白來製造人工的雞蛋、肉、和牛奶，這三種消耗量最大的動物性食物。

三家公司中，Hampton Creek 的目標是雞蛋。這家公司成立於 2011 年底，最早的投資人是印裔創投大老維諾德．柯斯拉（Vinod Khosla），後來又得到比爾蓋茲、亞洲首富李嘉誠成立的 Horizon Ventures、雅虎創辦人楊致遠以及彼得．提爾（Peter Thiel）等天使投資人的支持，2014年底完成9000萬美金的增值，準備大舉進軍全球市場。

Hampton Creek創辦人喬許・蒂特里克（Joshua Tetrick）1980年生，學的是法律，在非洲當過七年義工，因此對環保、動物權、糧食短缺等全球問題感同身受，於是想到以人造雞蛋為切入點來改善現況。他在獲得首期投資後，聘請了生物科學家分析數千種植物中上億的植物蛋白，最後篩選出十一種蛋白質，組合成跟雞蛋相同的養分；又聘用食品科學家，歸納出雞蛋的二十二種性質（例如雞蛋凝膠的乳化作用），加以模仿，以便取代以天然雞蛋為主要成份的食品，例如美乃滋。美國美乃滋市場一年約13億美元，金額龐大而產品單純，Hampton Creek很快地推出Just Mayo（請注意Just這個字的雙關語）品牌，以無蛋、無基因改造、無膽固醇、無麩質為訴求，順利打入健康超市Whole Foods，在2014年創造了3000萬美元的營業佳績。

開發植物性牛奶的新創公司是Muufri，成立還不到一年，兩位24歲的創辦人是全素食者（vegan），因為愛護動物而不忍飲其奶，所以想要發明不是來自母牛的牛奶。他們利用特殊的酵母菌，分解如葵花油之類的植物蛋白，最後產出跟牛奶完全相同的人造奶。雖然公司還在初創階段，但在5個月內，就收到了李嘉誠200萬美金的投資。

作夢不是年輕人的專利。Impossible Foods的創辦人派翠克・布朗

（Patrick Brown）是史丹佛大學的教授，60 歲的年紀在矽谷的創業者中可以算是高齡，卻仍然能在第一輪的投資就募集到 7500 萬美金的龐大資金，投資人名單中包括比爾蓋茲、谷歌、Khosla Venture，以及，不需要驚訝，李嘉誠的 Horizon Ventures。

布朗教授的產品是由植物製造的牛肉，他的獨門秘方是用植物成分製造牛血，加在人造牛肉內，經過燒烤成為美味多汁的牛肉漢堡。

其實不只是矽谷，放眼美國，食物新創公司如雨後春筍。

南加州的 Beyond Meat 公司人造雞肉的技術來自密蘇里大學台裔教授謝富弘博士，用抽拉擠壓的機械方式將黃豆蛋白塑造出雞肉的質感，投資人之一的比爾蓋茲承認他已經無法區別它跟真雞肉的差別。Open Meadow 也取得李嘉誠的投資，開發以植物為原料的皮革和肉品。

Soylent 的創辦人是一位軟件工程師，他開發了一種「精力湯」，內含一切人日常生活需要的養分，最適合沒時間吃飯的工作狂人，或無法進食的病人食用。2015 年初，他取得了網路金童馬克．安德森（Marc Andreessen）2000 萬美元的投資。

以矇騙舌頭為目標

這些新創公司雖然有許多理性的訴求，例如環保、動物權、人道、營養等等，但他們都面臨一項共同的艱難挑戰：究竟是否能夠通過人類味覺的終極考驗？

滋味是再纖細敏感不過的美學，要不然也不會有這麼多的美食追求者，米其林也不需分出幾顆不同的星星。如果日本某名廚認為香港的雞肉是全世界最好的雞肉，或者是池上的米勝於鹿野的米，甚至於水也可以用礦區來做產品區隔，差別一定不在蛋白質、澱粉這些主要成分，而在一些微量的礦物質或其他次要成分。這些資金雄厚的新創公司雖然都聘有高薪的首席美味長，但是真要跟天然食材一分高下，恐怕還有待未來漫長的時日。

口感是另一個難以量化的藝術。牛肉、雞肉、豬肉口感完全不同不說，牛的各個不同部位，牛腱、菲利、沙朗、肋眼，各有所勝，需要用不同的烹飪方法使其相得益彰，連放山雞（加州農夫市場賣雞肉的攤子常掛了個中文牌子：走地雞）、半放山雞都可以賣出不同的價錢，可以想像所謂的口感，這種牙齒和舌頭間微細的訊息交換，恐怕最新進的人工智慧也難以分析模仿。

食物革命的 3.0 版

也許這正是台灣的機會。

如果傳統食物是 1.0 版，現在開始的食物革命是 2.0 版，那麼 3.0 版是什麼？

許多人喜歡說台灣是美食者的天堂，台灣的素食文化更是源遠流長，素食的普遍性在世界上除印度、日本（在明治維新之前，日本基本上是素食國家）外，可能數一數二。用黃豆蛋白、香菇梗、蒟蒻等食材模仿各種肉類製品，在台灣早已行之多年，無論技術或生產經驗都累積了深厚的基礎。

人造動物食品的三個主要關鍵因素：成分、口味、質感，矽谷的這些新創公司在成分上雖然大幅領先，但是台灣不見得不能迎頭趕上，如果善用口味和口感的優勢，不無一搏的機會。

食物的經驗是每一個人深層的記憶，甚至於深植在人類的 DNA 中。目前 2.0 版的食物革命還在努力複製消費者在食用牛奶、雞蛋、牛肉時的記憶，以減少對人造食材的抗拒。但是人們也同時喜歡追求新奇，包括新口味，例如珍珠奶茶已經廣受全球年輕世代的歡迎。將來有一天，某創業家發展出新的植物性食材，開發出新口味，又有某著名廚師用它來開發新的食物品類，贏得美食者的口腹，這將會是植物性食物的最終勝利。

｛讀後想像｝

★ 如果說少吃肉，大家勢必會多吃菜，面對植物糧食的供應需求，可能使基因改造作物增加，是不是更可能擾亂生態平衡，危害環境？

★ 文化跟產業不一定有正相關。例如歐洲電影文化高，但美國好萊塢電影產業強。台灣雖然有食物的文化，但不一定有很強的食品產業，有沒有透過飲食文化來帶領飲食產業發展的可能？

★ 食物的口感有國際標準嗎？如果各國口味不同，台灣的食品產業如何能夠走向全球？

05.

農業加科技，舊症與新方

台灣的糧食與農業問題自然也有其錯綜複雜，不能期望任何特效藥。幸運的是出自於對這片土地濃厚的感情，台灣有許多充滿熱情的年輕人，加上一些想要逃離城市的中年人，他們不約而同的選擇農業，進入農村，胼手胝足劍及履及，盡一己之力嘗試改變現狀。

農業以及糧食問題，最近在新創圈子裡受到許多關注，因為它們跟人類健康、資源保育、地球生態密切相關。資訊和生物科技的創新所產生的漣漪效果，終於慢慢波及到了這個歷史最為悠久的人類生活範疇——食物。

2015 年 5 月在義大利米蘭舉行的世界博覽會效法京都協議，發表米蘭協議（Milan Protocol）。京都協議得到各國政府的承諾，企圖以公權力介入，減緩氣候變遷的速度。米蘭協議雖然沒有政府約束力，卻同樣希望喚起公眾的注意，協力解決當今世界糧食問題所面臨的三大弔詭。

糧食分配失衡日益嚴重

第一個弔詭是食物浪費。這個弔詭最早由教皇若望保祿二世提出，全球的食物生產量本來可以餵飽全球人口，可是每年還有許多人因飢餓而死。不是嗎？每年的全球食物產量，從農地到廚房的產銷用過程中，三分之一被浪費，而地球處於飢餓邊緣的人口有八億人，佔全球人口 12%，因此這些被浪費的食物如果能夠節省 35%，便能餵飽這些飢餓人口。

第二個弔詭是永續農業。雖然地球上還有不少飢餓人口，可是大約有三分之一的全球農業產出，用來作為動物飼料；每產出一公斤牛肉需要一萬五千公升水，可是每天有四千名兒童因為缺乏衛生飲水而死亡。近來各國政府提倡使用生質燃料，固然可以減少對化石燃料的依賴，降低 CO_2 的排放，但是由於需求的快速成長，大批農地從種植糧食改為種植生質燃料作物，結果造成食物價格的巨幅波動。

第三個弔詭是肥胖與飢餓共存。每一個飢餓人口，就有兩個過度進食的肥胖人口，從 1980 年到今天，肥胖症患者已經增加了一倍，伴隨營養過剩而來的慢性疾病，如糖尿病、心血管疾病更造成先進國家巨大的健保負擔。朱門酒肉臭，路有凍死骨，這是全球食物分配失衡不折不扣的寫照。

這些難題環環相扣，難以效法庖丁解牛，從關鍵下手而後問題一一迎刃而解。特別食物多半是本地問題，美國多餘的食物無法運送到非洲，就算少養牛，省下來的水也不能接濟到印度鄉村。台灣飢餓和肥胖的問題也許沒有美國嚴重，但是農地使用率和糧食自給自足的嚴重性，卻遠遠勝過美國。因此許多當地的糧食問題，只能在當地解決。

台灣的糧食與農業問題自然也有它的錯綜複雜，不能期望任何特效藥。幸運的是出自於對這片土地濃厚的感情，台灣有許多充滿熱情的年輕人，加上一些想要逃離城市的中年人，他們不約而同的選擇農業，進入農村，胼手胝足劍及履及，盡一己之力嘗試改變現狀。

台灣農業新創同質性過高

依我不能算是周全的接觸，這些理想性極高的行動家大致聚焦在以下幾個方向。

提倡各種友善農法（例如有機、秀明自然農法、樸門永續設計、MOA 自然農法等），取代普遍採用的慣行農法（使用農藥及化學肥料），以減少農作對土地養分的過度掠奪，增加農作物的營養及安全。

輔導偏鄉或原住民小農，一面教導他們改用友善農法，根據市場需要耕種附加價值較高的農作物，一面用包銷或企作方式協助他們銷售耕種所穫，使得地處邊緣的弱勢小農能夠改善生活，並且願意繼續堅持使用友善農法。

或者以直銷方式避開通路中層層經銷商的利潤需求，有些人以網路方式賣到最終消費者，有些賣到大中小型商業餐廳，有些賣到企業的團膳，由於減少通路成本，部份節省的費用回饋到農民，增加了他們的收入。

有些人乾脆開起銷售有機生蔬的超市，或以健康為訴求的各種特色餐廳。

這麼多人的初發心都讓人欽佩，一切的努力也終將看到成果。只是比較令人遺憾的是，這些創新創業的同質性極高，無論手段與目的差異性並不顯著。相對於農業問題的龐大與複雜，我們必須嚴肅思考，台灣的創新能量如此稀少而寶貴，是否都用在刀口上？大家的注意焦點，能否更全面的檢查問題，發掘更多的創新手段？

矽谷的加速器已經往專業化的方向發展。農業近來受到這麼多矚目，自然也有一家專門協助農業新創公司的加速器。Thrive Accelerator 位於距離矽谷約一百公里的薩利納斯（Salinas Valley）。薩利納斯是加州農業中心之一，也是美國小說家及諾貝爾文學獎得主史坦貝克（John Ernst Steinbeck, Jr.）的家鄉，他小說的主題環繞著農工階級的甘苦，因此薩利納斯是設立農業加速器的理想所在。

全球農業新創五花八門

Thrive 遴選了十家農業新創公司，聯合從事農業的幾家大型企業，給予八週的創業輔導。以下簡單介紹其中六家公司，主要的目的是希望打開台灣有志於農業創業人士的思路，收些他山之石的效果。

California Safe Soil：糧食供應鏈中產生的龐大剩餘，若能善加運用，廢物中可能蘊藏黃金。California Safe Soil 便嘗試掌握這個機會，他們收集超市淘汰的各種過期或長相不討喜的生蔬，運回工廠處理後，轉換成有機肥料，直接賣給農場。據使用過的農戶指稱，因為是有機液態肥料，不像化學肥料必須灌溉大量水份，可以減少 20-25% 用水，同時養分高，收成往往較一般肥料高出 25-30%。也許因為訴求簡單利益明顯，這家公司已經得到最具環保意識的戶外服飾用品名牌 Patagonia 的投資。（有一天，廚餘肥料器會不會像碎紙機一樣，成為家庭必備的小家電？）

GreenOnyx：有人主張未來 20% 的食物應該來自城市，這家以色列公司便嘗試將農場帶進廚房，創辦人設計了一個咖啡機大小的機器，生長一種特殊藻類 Khai-Nam（這種在泰國很常見的藻類被當地人稱為「水蛋」），然後再用 3D 印表的技術「生出」水蛋。生長的過程裡還有一個附帶效益，就是可以消耗室內的二氧化碳，產生氧氣。

Harvest Automation：這家公司的創辦人來自自動吸塵器的始祖 iRobot 公司，他們準備設計農業使用（搬運、採收）的各種機器人。

Inteligistics：不同的生蔬及肉類在運送過程中需要不同的溫度冷藏，這家新創公司利用物聯網、感測器及雲端技術跟蹤及控制整個物流過程。（台灣工研院有此技術）

mOasis：這家公司開發了一種多分子聚合物，每一顆粒子可以吸收 250 倍重量的水份，添加在土壤中後，大量的水份隨乾燥度逐漸釋放，因此可以減少 25% 用水，卻能增加 25% 的產量。這家公司的技術來自一位中國科學家。

Nuritas：這家在愛爾蘭的公司用大數據來檢測樣本的主要成分，是否來自植物、動物或其他來源，預測其有益或有害於人體健康。

以上幾家公司只是少數的樣本，它們都在初創階段，規模尚小，將來是否能夠成功還在未定之天，但全球投入農業的新創公司正如雨後春筍，到處都在冒頭，彼此合縱連橫，遲早會改變世界的農業版圖。

台灣當然也有類似的創新正在醞釀之中，但是思考的格局和切入的角度都有待加強。解決盤根錯節的農業問題，科技和創新是必要的工具，熱愛農業的創業者，何妨擴大想像空間，追求一個「三個弔詭」都不再令人糾結的未來？

{讀後想像}

★ 創新的技術含量越高，就越難由一己之力進行創造。台灣推動農業在地化的人更多是出於一種情懷，因此未必是理工科畢業。如何能夠推出一些配套設施，吸引理工技術人才進入農業？

★ 台灣近年來一直在推動「一鄉一文化」，以文創與鄉村相結合，帶動新的經濟增長，這是不是一個改善台灣農業的方向？

★ 農業最大的缺口是人力缺乏以及行銷能力薄弱，類似像紐西蘭一樣傾全國之力推廣奇異果的作法，是否值得台灣效法？

06.

基因改造是否亂點鴛鴦譜？

**人類嘗試改良植物品種至少有幾百年的歷史，
市面上販賣的所有水果、蔬菜都是人工改良的成果，
從廣義的角度，這都是一種基因改造。
基因改造既然如洪水般勢不可擋，
不如學習當年大禹治水，以疏導代替阻絕。**

自從孟山都公司在 1996 年推出基因改造的玉米種子之後，有關基改食品的辯論一直沒有間斷，贊成與反對雙方陣營從來無法完全說服對方。雖然《經濟學人》雜誌 2014 年底曾經報導，原先反對基因改造食品最激烈的英國人正逐漸改變態度，肯定的人數已經超過懷疑者，但轉變的原因多來自經濟因素。這也難怪，低價往往能說服恐懼，未來的威脅不如眼前的好處實惠。

但是，經濟誘因始終無法動搖鐵桿的基因改造反對者們。尤其是孟山都、杜邦、先正達三大種子公司市佔率幾乎高達 50%，他們採取

的種種商業手段，一切以經濟利益為依歸，更是落了基因改造反對者的口實。

食品帝國：第一代基因改造的受益者

孟山都一向宣稱基因改造種子能夠創造經濟利益，話雖不錯，但這些利益大部份被這些大公司的股東和員工所享受，小部份由農民雨露均霑（雖然孟山都號稱這些採用基因改造種子的農民可以增加68%利潤，但恐怕經不起深究），消費者大眾只得到少許低價的好處，卻要承擔種種基因改造食品可能帶來的食安、環保和未來不可知的風險。種子公司風險少而利益大，消費者風險高卻利益低，利益與風險的分配顯然十分不對稱。

其次，孟山都等雇用大規模陣仗的律師群，對勢單力薄的農民威迫利誘，放棄其自古來自行採集種子的農民權（Farmer's Rights）。十餘年間，對農民提出數千件法律訴訟，以殺雞儆猴的策略不斷擴大市場佔有率，更讓這些種子公司染上邪惡帝國的色彩。

孟山都還到處宣傳基因改造種子可以解決世界糧食短缺的危機，但是目前市面上販售的基因改造種子，多半只能減少農民使用農藥數量，降低農作物種植成本，並沒有真正增加產量。甚至因為種植玉米作為動物飼料或生物燃料利潤較高，許多原本種植小麥的農地改為種植玉米，反而減少了作為人類主食的小麥產量，以至於小麥價格從2000年的2.5美元飛漲到2012年的8美元。

然而最牽動人們恐懼神經的是，第一代的基改種子是現代基因工程下產生的科學怪物。

地球上有不計其數的菌種，各有其特性，能夠產生性質不同的胺基酸。其中有一種簡稱為蘇力菌（Bacillus thuringiensis，縮寫為Bt），本來是有機耕種裡用來殺死病蟲害的菌種。還有一種農桿菌（Agrobacterium tumefaciens），雖然會感染植物，造成腫瘤，但也能夠阻斷孟山都公司最熱賣的除草農藥（Roundup）的除草功能。

於是孟山都的科學家們將蘇力菌的部份基因植入玉米，成為Bt基改玉米，以減少殺蟲劑的使用量（必須承認這對環保有正面貢獻），又將農桿菌的部份基因植入大豆，研發出「抗除草劑大豆」（Roundup Ready Soybean）種子，讓農夫可以毫無顧忌的噴灑Roundup除草劑，除去一切雜草卻不傷植株，大幅增加了大豆的收成。

這些現代科技的成就，也招致一般人對基因改造種子最深沉的恐懼。當人類開始違反自然的規律，扮演起造物者的角色，創造出生物界不可能自然發生的新品種，會不會造成難以逆轉的災難？

以上種種對基因改造或孟山都的批判都不是事出無因。然而，擺在眼前的事實是基改農作耕種面積持續增加，大眾接受程度逐漸提高，既然基改的趨勢無可逆轉，而且基因工程的技術也在不斷進步，更有前瞻性的思維應該是：我們需要什麼樣的基因改造種子？基因改造政策該何去何從？

創造基因改造的理性討論空間

人類嘗試改良植物品種至少有幾百年的歷史，市面上販賣的所有水果、蔬菜都是人工改良的成果，從廣義的角度，這都是一種基因改造，差別是基因的改變來源是自然的繁殖機能，而不像第一代的基因改造種子，有如喬太守亂點鴛鴦譜，將彼此無法配種的基因人為拼湊在一起。

要了解基因改造，應該先區別不同層次的基因改造。

前文提到的 Bt 基改種子由組合植物與細菌兩種不同物種的基因而成，稱為「異種基改」（transgenic），目前商品化的基因改造種子多屬於這一類。如果兩組基因都來自相同或者彼此可以配種的品種，則稱為「同種基改」（cisgenic，cis 是 same、同的意思）。還有第三種方式，稱為「種內基改」（intragenic），同樣採自相同物種的基因，但允許 DNA 片段（DNA fragment）的人為組合。

以對環境、物種和生態所造成的威脅而言，「同種基改」與傳統育種技術的風險沒有差別，「種內基改」風險較高，「異種基改」的風險更讓人擔心。因此如果要創造一個討論的空間，來理性討論基因改造的未來，應該將這三種不同的基因改造技術做一個明確的區分，甚至於創造出一個新的名詞，來與 Bt 種子這類第一代的基因改造產物做出區隔。

過去五十年，地球人口增加一倍，糧食並沒有發生嚴重短缺，主要歸功於人類歷史上的第一次綠色革命。60 年代，諾貝爾和平獎得主諾曼．布勞格（Norman Borlaug）培育出的新小麥品種，和印度科學家史瓦米那尚（M. S. Swaminathan）培育出的稻米新品種，成功地將農地單位面積生產量提高了一倍之多。

但是第一波綠色革命驅動的生產力增加已經到達高原，而地球人口持續增加，富裕生活又提高了人們對糧食的需求，更令人憂心的是氣候變遷和氣溫升高，小麥、稻米、馬鈴薯等主要糧食的種植環境逐漸惡化，可預見現有農地的生產力未來可能不升反降，因此有必要開啟第二波的綠色革命。

但是這次綠色革命的重心不在農地單位面積生產力的提高，而是增加農作物對惡化環境的適應能力。如果小麥、稻米、馬鈴薯對於乾旱、洪澇、高溫具有較佳的適應能力，不僅單位面積收穫不致下降，更可以將原來不適合農作的土地轉為可用農地，從而提高全球糧食的總產量。

增加環境適應力必需開發新種子，用傳統方法培育新種子長達十至十五年（當初諾曼·布勞格便曾在墨西哥蹲點了十六年），用新的基因工程只需六個月。因此想要解決未來地球糧食短缺的問題，最有效的策略是謹慎地採用「同種基改」的方法研發新的糧食品種，開發速度快，成本低，準確度佳，風險又不見得高於傳統育種技術研發出的新品種。

莫賤賣基因改造的未來

然而潘朵拉的盒子一旦被打開，總是讓人心驚膽跳。

隨著基因工程技術的進展，改造基因的成本越來越低，基改產品不再是國際大公司的專利品。美國農業局 2015 年 2 月初核准了一個新蘋果品種，切開後果肉不會氧化變黃，開發者便是加拿大一家不到十人的小公司，而且還用了較安全的「同種基改」技術。

當新創公司如雨後春筍，基改新品種如過江之鯽，開放和管制之間的分寸如何掌握？

關鍵之一仍然在明確區分「同種基改」、「種內基改」、「異種基改」三種不同的基因改造程度，分別設立不同的綠色、橘色、紅色通道，以便進行低、中、高程度的政策管制。

資訊產業裡開放原始碼（Open Source）的操作方式也非常值得參考。如果基因改造種子可以共享，一方面降低過高的商業利潤，打破巨型公司壟斷，將農夫權交回到農夫手中；另一方面，群眾除錯的機制可以協助減低風險，甚至於還有可能增加生物多樣性（biodiversity）。

消費者最後的武器是口袋中的鈔票，用鈔票來投票，首先需要得到充分透明的資訊，清晰的基因改造食品標示自是理所當然。很不幸，作為主要基因改造食品出口國的美國，國會對基因改造食品標示百般阻擾，遲遲不能立法，反對者往往以成本增加將轉嫁到消費者為藉口，卻沒能認清，明確的標示反倒可以增加大眾對基因改造的了解，以市場機制引導基因改造食物未來發展的方向，最後必然能夠增加對基因改造食物的信任。

基因改造過去的發展軌跡不是未來的唯一選項，基因改造既然如洪水般勢不可擋，不如學習當年大禹治水，以疏導代替阻絕，因勢利導，可能是一個較好的選擇。例如台灣已經立法通過基因改造標示，不妨更進一步，要求清楚揭示基因改造的三種不同等級。

{讀後想像}

★ 我們有辦法確定基改農作物真的不會造成不可預期的災難嗎？

★ 台灣培育出許多優良的植物品種，例如蝴蝶蘭，全球每兩株就有一株來自台灣，可以用基改方式發展蝴蝶蘭嗎？

★ 地球環境一天天惡化，植物或農作物是否會隨著進化？還是需要依靠基因改造，開發出能適應環境的新品種？

07.

人機共生三定律

在人工智慧持續進步的過程中，人機合作是必然的趨勢，今天的人工智慧已經發達到了一個程度，探究的範圍不能再侷限於生產力提升、經濟成長這些議題，而應該將人的價值、人與人間的尊重、和人機的合理關係拉入視野之內。

2014 年 6 月中，在倫敦有幾位裁判跟一位神秘嘉賓透過電腦進行筆談，這位神秘嘉賓才十三歲，從烏克蘭來，名喚 Eugene Goostman，英文聽寫還不十分道地。對談五分鐘後，有三分之一的裁判被說服，認為小男生真有其人。謎底揭曉時，才發現他不過是一個已經發展了十三年的電腦程式。

消息傳出，人工智慧界非常振奮，經過了六十幾年，人工智慧的成就終於能夠通過圖靈測試（Turing Test）的考驗。這個測試在 1950 年由英國數學家艾倫．圖靈（Alan Turing）提出，作為衡量人工智慧的發展指標。電腦如果能跟人腦對答如流，不露縫隙，讓人腦錯以為在跟另一個人腦對話，這時候，人工開發的電腦智慧才算過了門檻。

最近二十年，人腦的進步有限，人工智慧或機器學習（machine learning）的發展卻突飛猛進。許多需要高度智力的遊戲，人腦已經節節敗退，1997 年 IBM 開發的「深藍」便打敗了世界西洋棋冠軍卡斯帕洛夫。法國學者開發的「瘋狂石頭」（Crazy Stone）2013 年跟日本圍棋九段石田芳夫對弈，在 19×19 的標準棋盤上，石田芳夫讓了四子，結果這位曾經打敗林海峰、五連霸本因坊的世紀圍棋高手居然輸給了毫無名頭的電腦程式[1]。

摩拉維克弔詭

在人工智慧上，有個「摩拉維克弔詭」（Moravec paradox）的說法。1980 年代中，卡內基梅隆大學教授摩拉維克發現：要讓電腦展現成年人的智力相對容易，但是要它具備有如一歲小孩一般的感知和運動能力，可是十分困難。

「摩拉維克弔詭」到今天仍然成立。下棋，預測一個人的偏好，或者是海量資料（Big Data）的分析能力，電腦的智慧早已超過人的智

註 1：當然，2016 年的最新發展是谷歌研發的 AlphaGo 打敗了韓國圍棋九段李世石的人腦。

力，但是在DARPA每年舉辦的機器人挑戰（DARPA Robotics Challenges）裡，有些機器人還在練習爬樓梯。然而即使機器人仍在蹣跚學步，許多不必模仿人類動作的機器已經在為人類山上下海，甚至取代人的工作，既解決了許多迫切的問題，也產生不少新的倫理挑戰。

人類對機器人有一種天生的恐懼。從某一個角度來說，機器人是人類最具威脅力的競爭者，除了智力之外，它擁有許多脆弱的人類缺乏的優點，像是任勞任怨，不會疲倦，維護簡單，不必吃喝拉睡；它又沒有人的種種缺點，例如每年要求加薪，期待升遷機會，心有不甘便發起罷工，以及生老病死等等麻煩問題。如果機器人跟人產生衝突，以機器人的金剛不壞對付人的血肉之軀，人毫無勝算的可能，這是一種先天的不對稱。

阿西莫夫的機器人三定律

也許出自這種內心深層的恐懼，美國科幻作家艾西莫夫（Isaac Asimov）在他的科幻小說裡曾經制定了有名的機器人三定律。

第一定律，機器人不得傷害人，或任人受到傷害而無所作為。

第二定律，機器人應服從人的一切命令，但命令與第一定律相抵觸時例外。

第三定律，機器人必須保護自己的存在，但不得與第一、第二定律相抵觸。

三鐵律設想周到，以保護人類為出發點，但其前提是機器人跟人類各有其獨立人格，甚至彼此是競爭者。在真實情境下，機器人的後面都有一個活生生的人類在主宰操縱，當機器人聽令於其背後的主人，面對另一個人類時，它可以聽從主人的命令，去傷害另一個人類嗎？如果可以，是否違反第一定律？第二定律要求機器人聽從人的命令，只有主人的命令嗎？可能的被害人可否命令機器人停止？

從另一個角度來說，機器人又不是人的競爭對手，它不過是人的工具而已。在人工智慧持續進步的過程中，人機合作是必然的趨勢，雖然下象棋或圍棋，人腦已不如電腦，但是新的研究顯示，人腦加上二流的電腦，仍然能夠打敗第一流的人工智慧。因此有人認為將來的職場會出現中層工作（middle work），結合人腦的精彩創意和電腦的細膩分析，可以創造出許多新的工作機會。

但是人機間的合作，太容易被利用來侵犯另一個人的利益。從身邊小事來說，現代人每天收到無數垃圾電郵，不請自來，都是某人指揮機器的結果。在家裡不斷收到行銷電話，全是電腦自動撥號，打電話的人的時間成本為零，接電話的人分分秒秒用的都是自己的時間。

人與機合作，對自己產生無比的優勢，但對另一方的人類對手而言，是否造成無可申述的不公平競爭呢？

更引起爭議的是從事戰爭行為的機器人或是無人飛機（drone）。在中東戰場，美國政府已經發起數百次無人飛機的攻擊，贊成者認為這是種有效、精準、能夠減少地面人員傷亡的最佳戰術；反對者則認為無人飛機將戰爭行為簡約成電玩遊戲，不見鮮血，便失去對戰爭殘酷性的體認，如果不能準確辨識，誤傷普通百姓，責任要無人飛機、還是幕後的下令者承擔？更何況如果每個國家都可以不經國際程序，便直接派遣無人飛機，到其他國家執行殺人任務，世界秩序該如何維護呢？

人與人間產生衝突，結果將機器捲入，最大的問題是破壞力量的懸殊，產生了嚴重的不對稱性。於是不免讓人想起古代兩軍對峙，有時由主帥出戰，兩人決一死戰，便決定勝負，省卻了大軍的傷亡。十八世紀流行決鬥，紳士們為了維護榮譽，擇期單挑，找來第三者做為仲裁，訂定了公平的決鬥規則，決鬥開始後，只要有挑戰方覺得滿意，決鬥便告一結束。

究竟古老你死我活的血腥決鬥方式較為野蠻，還是現在手不沾血的大規模殺人行為較為文明？這也是人工智慧高度發展後產生的另一個弔詭。

展眼未來的人機共生社會

因此在未來人機共生的社會裡，我們可能需要新的人機共生三定律。這裡不妨東施效顰一番：

第一定律，某甲欲指使機器人對某乙有所作為，不可無償將某乙利益移轉至某甲。

第二定律，如果某甲之作為與第一定律相抵觸，必須事先取得公正第三方同意。

第三定律，如果某甲之作為與第一、第二定律相抵觸，某甲應承擔一切法律及道德責任。

艾西莫夫機器人三定律不過是倫理哲學層面的冥想，在真實世界裡從來沒有獲得實施。人機共生三定律也沒有實踐的可能，但是透過這樣的討論，也許可以彰顯，今天的人工智慧已經發達到了一個程度，探究的範圍不能再侷限於生產力提升、或是經濟成長這些議題，而應該將人的價值、人與人間的尊重、和人機的合理關係拉入視野之內，只有這樣，人工智慧才不至於成為收不回潘朵拉盒子的小精靈。

{ 讀後想像 }

★ 機器人的發展，帶來的是產業生產效率，但其實不少國家都存在產能過剩的問題。那麼如何讓機器人不致於形成更加惡性的產能競爭？

★ 人工智慧從古至今被拍成許多的電影：《全面啟動》、《魔鬼終結者》、《駭客任務》，甚至是動畫大師塚治虫的《原子小金剛》。當機器人察覺人類對地球的汙染，決定叛變，轉而毀滅人類，如果機器人有這樣的智慧，是自己發展出來的，還是人類賦予的？如果是人類能夠賦予，為什麼人類還要繼續對地球造成污染呢？

★ 如果狗是人類最忠實的朋友，我們可不可以用狗作為設計機器人的參考藍圖？

08.

科技開始剝奪工作機會？

當年馬匹耕田的工作被耕耘機取代之後，
人再也沒辦法幫馬找到其他工作機會，
結果馬匹數目從 1900 年的 2100 萬匹降至 1960 年的 300 萬匹。
萬一像馬一樣，人被科技取代的工作，在其他產業彌補不回，怎麼辦？

科技之於人類文明，像是一台推土機，既向前開疆闢土，也剷平了舊有的科技成就和社會體制。當年熊彼得（Joseph A. Schumpeter）的「創造式破壞」（creative destruction），要比後來克萊頓．克里斯坦森（Clayton Christensen）所發明的字眼「破壞式創新」（disruptive innovation）更能反應科技推土機的破壞力量──disruptive 不過是攪亂一池春水，destruction 卻能摧而毀之滅之。

工業革命後，科技發展大幅度提高人類的生產力，改善了人類生活，也劇烈地改變了人類工作的內容、社會的結構、資源的分配。

例如 1800 年時美國的農業人口佔 90%，1900 年降至 41%，2000

年時僅剩 2%。美國的製造業也由盛而衰，1973 年製造人口佔 24%，2007 年只剩 10%，而同期間內，美國的服務業人口從卻 70% 上升至 83%，幾乎完全吸收製造業減少的人口。

這些巨大變化的肇因都可以歸諸於單一因素：科技的進步。

科技淘汰的工作職位

科技曾經淘汰無數工藝或產業，農工商業此消彼長，然而失業率雖然隨景氣循環時上時下，卻不見逐年走高。這樣的歷史經驗讓經濟發展學者產生一種莫名的信心，認為人類的經濟活動自有其調適能力，科技固然對產業造成衝擊，然而創造的能量總是大於破壞，disruption 甚於 destruction，科技產生的就業機會終究多於它淘汰的工作職位。

但最近許多人開始懷疑，這樣的信心是否過於天真？

當年馬匹耕田的工作被耕耘機取代之後，人再也沒辦法幫馬找到其他工作機會，結果馬匹數目從 1900 年的 2100 萬匹降至 1960 年的 300 萬匹。

萬一像馬一樣，人被科技取代的工作，在其他產業彌補不回，怎麼辦？

尤其近年來科技的進步還在不斷加速。人設計了電腦，人工智慧逐漸向人腦智慧接近，開始幫人做決策，設計更快的電腦。人發明了機器人，教機器人做事，後來機器人能夠自學（adaptive robotics），甚至幫人設計機器人。

從現實觀察，2008 金融風暴過去好幾年了，公司利潤早已回升，股票市場屢創新高，等待上市的公司隊伍越排越長，景氣似乎一片大好，為什麼多數人心裡始終不安？因為失業率仍然居高不下，中產階級被掏空，新創的財富全部流向富人，而年輕世代的高失業率更讓人失去對未來的憧憬。

難道這一次景氣復甦喚不回就業市場的春天？難道我們真的面臨永久性的結構性失業（structured unemployment）？

大重整時代，角色重新定位

有兩位 MIT 管理學院的教授：艾瑞克．布倫喬爾森（Erik Brynjolfsson）及安德魯．麥克菲（Andrew McAfee），素來是數位科技的擁護者，這幾年也逐漸從盲目樂觀轉為審慎憂心，在 2011 年出版的《*Race Against The Machine*》[1] 一書裡，主張不可再忽視科技對就業市場的影響，並且建議未來創新的重心，必須從技術創新轉向於制度和組織創新，否則就業市場無法繼續承受科技所帶來越演越烈的衝擊。

1930 年的「大蕭條」（Great Depression）之後，迎接了二十年的「大轉換」（Great Transition），公共部門擔負起更多的社會責任。因此有人說 2008 金融海嘯造成的「大衰退」（Great Recession）之後，也將開展一段「大重整」（Great Restructuring）的時代。

在大重整的時代，人與機器各自的角色和彼此的關係，必須重新定位。

白領階級在辦公室中許多光鮮的工作，文書處理、採購、簿記、出納，任何可以歸納出原則、一成不變的勞心工作，全部可以用電腦取代，甚至有了海量資料的分析工具後，許多訊息的整理歸納，電腦遠比人腦更為犀利。

藍領階級原本用勞力換取收入，但人會疲勞會犯錯，所有重複性的動作不如用機器人代勞，而具有安全顧忌或細密程度超過人能負荷的工作，更是機器人的長項。

那人還能做什麼呢？當然還可以列出一個長長的清單：

註 1：《*Race Against the Machine: How the Digital Revolution Is Accelerating Innovation, Driving Productivity, and Irreversibly Transfor*》，Brynjolfsson, Erik/ McAfee, Andrew 著，Lightning Source Inc 出版，2011 年 9 月。

- 處理新出現、非常規性的資訊
- 進行非規則的決策
- 處理心理、情緒層面的資訊和決策
- 心智及體能兩者需要高度配合的行為
- 無中生有，創作發明
- 設計或指揮電腦 / 機器人來取代人的工作

諸如此等，清單雖長，問題是這類工作職位在整個就業市場終究是少數。

因此在大重整時代，全世界（特別是美國）將面臨許多極其困難的挑戰：

- 如何維持適當的就業率？
- 如何調整科技發展的方向，從純粹提高個人的生產力，轉為人類生活的豐富化、合理化？或者是地球資源更有效的利用？
- 如何逆反財富向高端集中的趨勢？
- 如何建立合理的人機共生的未來社會？
- 如何教育新生代，讓他們能充分掌握未來，而不至被其吞噬？

台灣巧用小國優勢

台灣做為人口小國，緊緊跟隨在科技領先的美國之後，美國進退失據，台灣難免被裙邊掃到。我們面臨的問題跟美國或因國情而不盡相同，或僅只是時間的先後差別，因此應該緊密關注美國科技發展跟就業的關聯性，留意美國的因應之道，善用小國機動性高的優勢，未雨綢繆。例如台灣的資源既然有限，科技更應該為提高台灣整體就業水準服務。一方面利用科技，減少對低等勞力的依賴，一方面鼓勵以科技創新創業，創造將來不容易被更新的科技取代的工作機會。

科技創新、產業升級、就業率、薪資水平，四者互有因果關聯，台灣的各種產業其實坐擁龐大資源，只是缺乏內部動機和外在誘因，政府的政策應以鼓勵四者的正向循環為標竿。政策的短期效果固然重要，視野中卻不能缺乏長期戰略的眼光，畢竟經濟發展的最終目的在於創造可持續的高就業率，以及穩定上升的薪資水平。

例如以減稅政策來飼養企業肥鵝，企業必須有繼續投資的附帶條件，不能寄望鵝毛自行脫落，惠澤眾人。鼓勵台商鮭魚返鄉，最好獎勵和擇選並用，否則仍然走回利用環境和社會成本賺錢的老路。引進外勞固然可以短暫紓解勞力的缺乏，也應該有逐年減低的準備，不能留連在以廉價勞力為競爭手段的舊產業思維。

台灣的科技創新環境雖然不十分理想，但更讓人憂心的是，想要進行組織創新和制度創新，必然受到更大的阻力。公共部門二十年來建立的科員體系漸行僵化，對外隨時帶著防弊的謹慎眼光，對內以不犯錯為自我要求，在這樣的頂層結構下，無論公私部門的制度或組織創新，自然倍加困難。

當海平線上升時，低窪國家首當其衝。當科技開始剝削人的工作機會，中間國家受到最多擠壓。台灣正好處在這中間位置，如果不能力爭上游，遲早會淪落為被科技剝削的次等國家；反之，若能巧用小國優勢，突破大重整期的陣痛，或許還能分享科技發展的果實。

{讀後想像}

★ **製造業追求效率，服務業追求服務品質，因此面對人的服務工作是否比較不容易被科技（機器人）取代？**

★ **台灣有超過五十萬的外勞，這些外勞的工作為什麼沒有被機器人取代？是因為外勞的成本仍然比機器人便宜嗎？還是機器人的性能還比不上人類？**

★ **當機器人的功能越來越強，人類的薪水會提高嗎？還是為了跟機器人競爭，只好降低薪水？**

09.

為人類未來批流年

**近年來創新的速度讓人目不暇給，
許多站在科技前緣的人士不約而同的開始各種懸想：
科技為人類會帶來希望還是毀滅？人類的未來是光明還是黑暗？
五十年、一百年、五百年後會是一個什麼樣的地球？**

史蒂夫・霍金（Stephen Hawking）接受英國廣播公司採訪時表示，人工智慧的發展雖然一日千里，卻也可能帶來人類的末日。他的警告引起媒體廣泛的報導，一方面因為他是當今全球最知名的物理學家，想必能預知人類宇宙未來的命運，另一方面，他本身是現代科技的直接受惠者——因為肌肉萎縮，霍金早已失去語言機能，多虧電腦語音合成技術，還能跟外界溝通，包括接受電視台的訪問。

再一則新聞，舊金山有一家新創公司 Sentient Technologies 完成一億美金的 C 輪增資。這家公司的團隊來自開發蘋果公司 Siri 語音辨識技術的原始班底，當年 Siri 成功跨過了自然語言辨識的關卡，現在原班人馬整兵經武，向更高等的人工智慧前進。

為人工智慧加上自我

為什麼公司取名為 Sentient？公司的技術主管解釋：人在邏輯與推理以外的智能，都屬於 sentient 的範疇。sentient 就是自知（aware）、有感知能力（perception）、具有正念（mindful）。換句話說，如果有一天電腦真能進步到擁有 sentience，就和人類一樣成為有情生物，有自我存在的意識，並且擁有某種程度的自由意志。

這大概正是史蒂夫．霍金憂心的原因吧。如果真有這一天，電腦有了自我意識，他（將來可能要發明一個新字介於人類的他與非生物的它之間）會不會嫌棄人類這個養父：智力低等如猩猩，情感原始如貓狗，生命脆弱如螞蟻？

最近，歸功於深度學習（deep learning）、大數據、分佈式計算（distributed computing）等各種技術的進步，人工智慧的領域取得不少進展。例如谷歌花了六億美金收購英國公司 DeepMind，因為它發展的技術可以像人類一樣用短期記憶來學習[1]。另一家新創公司 Vicarious 則

註 1：這家公司的技術成為打敗韓國圍棋九段高手李世石的 AlphaGo 的基礎。

號稱能夠通過標準化的杜林試驗 CAPTCHA（Completely Automated Public Turing test to tell Computers and Humans Apart），結果獲得臉書臉書創辦人祖克柏等人四千萬美元的投資。

人腦的無窮想像加上電腦取之不盡的計算能力，近年來創新的速度確實讓人目不暇給，各種應科技而誕生的新經濟、和新經濟對全球舊經濟造成的衝擊，不免讓許多站在科技前緣的人士不約而同的開始各種懸想：科技為人類會帶來希望還是毀滅？人類的未來是光明還是黑暗？五十年、一百年、五百年後會是一個什麼樣的地球？

人類未來的四種可能

依據牛津大學人類未來學院院長尼克·伯斯特羅姆（Nick Bostrom）的歸納，人類長遠的未來不出以下四種形式：

一、滅絕（extinction）

二、反覆崩潰（recurrent collapse）

三、走高持平（plateau）

四、後人類（posthumanity）

反覆崩潰是指人類的文明在繁榮和衰退之間擺盪，每次在到達高點後便開始逐漸下跌，直到谷底後否極泰來，逐漸回升，如是反覆。

這幾乎是過去幾千年來人類文明發展的歷史軌跡。

但是若觀察歷史上許多物種或古老文明，當衰退至不可回復，便有可能造成滅亡的結局。曾經生存在地球的各種生物，有 99% 以上已經不復存在，人類雖然貴為智人（homo sapiens），但如果持續自作孽，置地球氣候變遷問題於不顧，顯然滅種的機率並不等於零。

當然許多人相信情況不見得如此悲觀，尤其過去兩百年中，人類在物質條件和科技的進步都像野馬脫韁，不斷加速，如果照此趨勢繼續發展，可以看見兩個可能。

第一個可能是，總有一天，成長逐漸緩慢，最後達到飽和，然後人類文明在一個較窄的區間內振盪，達到長久持平穩定的狀態。

但也有人相信，呈指數型的成長將會持續一段較長的時間，有一天達到臨界點，就會像火箭脫離地心引力，人類終於超脫了現在生理、智力、心理的限制，展開現代人無法想像的後人類文明時代。

未來的五十至一百年是關鍵的年代，就好像火箭升空時最危險。有人樂觀，認為火箭仍在加速，後人類文明指日可待。有人憂心忡忡，擔心火箭終究不能抵抗地心引力，一不留神，人類文明有如火箭失去動力，前途莫測。

建立在科技上的烏托邦

樂觀的人多是相信科技萬能的未來學者，其中最有代表性的人物是被譽為愛迪生繼承人的雷蒙德‧庫茲韋爾（Raymond Kurzweil），他在 2005 年出版的《奇點臨近》[2] 成為當年紐約時報暢銷書。他和另外一位相信人類前途無量的樂觀者史蒂芬‧科特勒（Steven Kotler）在矽谷合辦了一所短期學校，名稱便是奇點大學（Singularity University）。史蒂芬‧科特勒在 2012 年出版《富足：解決人類生存難題的重大科技創新》[3]，主張人類雖然面臨種種挑戰，但在科技創新的貢獻下，所有瓶頸終將一一迎刃而解，這樣的樂觀態度使得這本書長期在暢銷書排行榜上居高不下。

奇點論者相信指數函數，並且以半導體中的摩爾定律為例，主張科技進步將循指數型的路徑發展。

過去四十年來，半導體進步的速度基本上按照摩爾定律，每十八個月密度增加一倍，到現在仍然沒有減緩，每次碰到以為過不去的關卡，總能及時開發出新技術找出突破點。例如台積電製程從五年前的

註 2：簡中譯版《奇點臨近》（*The Singularity is Near*），機械工業出版社出版，2011 年 10 月。
註 3：中譯版《富足：解決人類生存難題的重大科技創新》（*Abundance: The Future is Better Than You Think*），商周出版，2013 年 7 月。

65 奈米，一路縮小到 40、28、20、16 奈米，2016 年底 10 奈米即將進入量產，進步的曲線與摩爾定律幾乎亦步亦趨。

但是半導體的物理性質總有極限吧？

許多科學家早已意識到這個危機，正多頭尋找下一代非半導體的技術。現在看來最有潛力的可能是納米管電晶體，其反應速度較現在的半導體快一千倍，做成記憶 IC，容量比快閃記憶（flash memory）高出五十倍。雖然這些技術距離商品化還相當遙遠，但是當半導體技術繼續進步，研究工具越加犀利，新技術的距離也必然相對拉近。

事實上，除了納米管電晶體外，還有許多科幻小說中出現的瘋狂想法，都是當今大學實驗室中的熱門研究題材，分子、光、量子、DNA 都可以用來計算，只要其中任何一種技術成功，便可以形成典範轉移，跳入另一個截然不同的指數成長曲線。

某些生物科技也同樣呈指數成長，例如 DNA 定序的生產力（成本及時間）在過去十年增長一萬倍，比摩爾定律更為快速。由於 DNA 定序如此快速又便宜，不但可以大幅縮短新藥開發的過程，也讓個人化醫藥成為可能，人類壽命也因此大幅增加，再加上其他各種生技科技的進步，甚至有人開始相信永生不死並不是神話。

依據雷蒙德・庫茲韋爾的推算，2029 年時人工智慧將全面超過人類智慧，由於兩者相輔相成，最聰明的人可以將他的智力「上載」到雲端，成為電腦的智慧，另一個人在智力不足時，可以在雲端「下載」智力，因此科技更加快速發展，直到 2045 年終於抵達奇點，智力產生爆炸性成長，發展出超智能（super intelligence）。那個時候人類的演化不再是純粹生物層級的演化，而是人與機器的共同演化，到時候無論學習、感情、生死、生命，都必需賦予新的意義。

這些願景聽起來像天方夜譚，但絕不要以為雷蒙德．庫茲韋爾只是想像力豐富的瘋狂科學家，或是科幻小說作者，他擁有十二個名譽博士學位，一生中所做過的 108 個預測，已經有 89 個實現，其中包括他預測西元 2000 年之前，電腦可以在西洋棋賽上擊敗人腦，結果事實比預測提早了三年發生。

奇點到底真的存在嗎？由於距離我們的直覺太過遙遠，多數人都感覺難以接受，特別是，指數究竟只是一個數學函數，有限時間內也許成立，時間尺度拉長，是否終究會受到邊界條件的限制？像是資源、能源或是環境都是無法超越的邊界條件。石油、鈾、銀（雷蒙德．庫茲韋爾預測 2029 年地球銀的蘊藏量將被用盡）、水等自然資源都有極限，地球攝氏 2 度增溫難保，哪裡能夠支撐無限的成長呢？

奇點不受邊界條件所限

奇點論者卻不以為然。

以能源來說，人類每年所消耗的能源大約是 16 太瓦（tera watt，10 的 12 次方），但是太陽照射到大氣層，帶來的能量高達 174 拍瓦（peta watt，10 的 15 次方），其中雖然只有一半抵達地球表面，但也是人類消耗能量的五千倍之多，如果未來的科技能夠有效地截取這龐大的太陽能源中一小部份，已經可以充份應付石油枯竭帶來的危機。

人口持續成長帶來的糧食或飲水問題，奇點論者也不認為值得擔慮，解決的關鍵仍然是科技。地球表面 70% 由海洋覆蓋，海水無法為人類使用，純粹因為純化海水使用的能量太高，不敷成本，如果用奈米粒子來大幅改善過濾效果，再加上有了便宜又潔淨的能源，水的供應自然不構成問題。

糧食問題也有許多解決的途徑。基因改造的持續改良，使得無論貧瘠、乾旱、或者是濕熱地區，都能有適合栽培的品種，大幅提高可耕種土地的面積，糧食的總產量自然也隨之增加。除此之外，人工培植肉類、雞蛋的技術再十年的時間便有可能達到商品化，到時候減少了從動物以植物為食物、然後轉換成肉類的效率損耗，自然增加了糧食的供給。

至於氣候變遷、地球暖化的問題，很大一部份是由於對化石燃料的依賴、和能源使用的效率太差。有一天再生能源如太陽能、風、潮汐高度發展，達到經濟效應，再加上能源使用效率改進，在奇點論者的眼中，人類的活動便不會再對地球環境造成威脅。

這種全面富足、無所匱乏的未來世界真的會發生嗎？什麼時候發生？ 2045 年離今天不到三十年，人類真的可以在這麼短的時間裡，累積這麼多的創新能量，而且還能成功地躲過隨之而來的副作用嗎？

對人類前途悲觀與樂觀的兩種看法裡，絕對樂觀派如雷蒙德．庫茲韋爾這樣的奇點論者為數不多，但是絕對悲觀也不是一個真正的選項。如果前景毫不樂觀，當下的努力還有什麼意義呢？

因此對於奇點將在 2045 年發生的預測，一般有兩種反應，一是認為時間估計過於樂觀，若奇點真會發生，時間將遠在 2045 年之後，這樣的觀點可以用微軟的共同創辦人保羅．艾倫（Paul Allen）作為代表。另一種人則認為人非物質，人性因素總在牽扯著科技進步的後腿，當年羅馬俱樂部成員之一的喬詹．蘭德斯（Jorgen Randers）可以代表這一類的看法。

奇點可遇不可期？

保羅．艾倫曾經寫過一篇文章討論奇點，他認為縱使有一天奇點真會發生，也會在遙遠的未來，並且提出三點理由以為論證：

首先是，除了半導體外，其他領域的科技大部份並沒有呈指數型成長。軟件雖然越來越好用，功效並沒有每十八個月加倍，視窗每兩、三年推出一個新版本，每次升級，都得費盡周章維持跟過去版本的相容性。至於各種元素材料如金銀銅鐵錫等的使用效能，也不可能加倍改善，何況還有地球蘊藏量恐將用盡的威脅。

其次是目前人工智慧（AI）雖然已經能夠戰勝人腦，但都受限在某些特定領域，例如下棋或者猜題。人工智慧設計者可以根據該項任務需要，優化演算法，想方設法打敗人腦。但是同一個人工智慧系統卻完全無法同時應付另一項挑戰，例如下西洋棋的人工智慧不知如何下圍棋，下圍棋的不知如何完成語音或圖像辨識。

這也就引進了另一個限制條件：所謂的複雜度剎車（complexity brake）。一個生物系統包括從 DNA、蛋白質、到細胞的層層結構，其相互作用有物理、化學、生物各個層面，大腦神經元之間的連結也不能用單一方程式來簡單定義。優化了某一種作用，便可能弱化了另一種作用，這種複雜系統先天的剎車作用，使得摩爾定律在生物系統中無用武之地。

保羅・艾倫的看法代表了一般人對奇點論的綜合觀點，但是針對保羅・艾倫的駁斥，雷蒙德・庫茲韋爾也一一作了回應，有興趣的讀者不妨上網一讀。

二次世界大戰戰後，經濟突飛猛進，情勢一片大好，人類開始思考成長的未來。

現代未來學可以說從 1972 年羅馬俱樂部發表的《成長的極限》[4]一書開始，這本書用系統動態（system dynamics）的方法，模擬世界人口和自然資源的關係，最後歸納出一個結論：如果沒有發生重大改變，人類成長終將面臨超越地球物理極限的危險。

2012 年，《成長的極限》出版四十年後，原書作者之一喬詹・蘭德斯用同樣的系統動態方法，展望未來四十年，寫下了《2052：下一個 40 年的全球生態、經濟與人類生活總預測》[5]一書。

註 4：中譯版《成長的極限：三十週年最新增訂版》（*Limits to Growth : The 30-Year Update*），臉譜出版，2007 年 1 月。

註 5：中譯版《2052：下一個 40 年的全球生態、經濟與人類生活總預測》（*2052-A Global Forecast for the Next Forty Years*），商周出版，2013 年 8 月。

以數字描繪 2052 的地球

喬詹．蘭德斯對於過去四十年的歷史經驗感到非常失望，原本期望的重大改變並未發生，人類危機從未經過嚴肅的討論，照舊以過衝（overshoot）的速度奔向未來。喬詹．蘭德斯不免憂心忡忡地跟地球人類分享他以電腦模型看到的 2052 年圖像。

- 全球總生育率目前為 2.5 人，並且在逐年降低，2052 年時接近一人，但是人均壽命卻年年增長，到 2052 年時高達 75 歲。因此地球人口將從目前的 72 億，成長到 2040 年的高峰值 81 億，然後每年 1% 減少，到 2052 年時回復到今天的水準。
- 全球二氧化碳排放量將於 2030 年達到峰值，能源使用量的峰值將在 2042 年到來。但是由於持續排放二氧化碳，大氣溫度在 2052 年突破高出 2℃的極限，甚至於 2080 年高達 2.8℃。
- 海平面從 2010 年到 2052 年將上升 36 釐米，造成許多國家國土巨幅改變，人口被迫遷徙。
- 由於工作機會和生活條件的吸引力，人口將自鄉村逃亡至城市，城市人口集中率從目前 50% 增加到 2052 年的 80%，工業化國家更高達 90%，但也因此貧民窟將散佈在城市裡不同的角落。
- 中國因素持續發酵，四十年間年經濟平均成長率達 3.5%，2052

年時人均 GDP 為 34000 美元，屆時中國總 GDP 將佔全球 GDP 之 15%，略遜於美國的 20%。

這樣的世界前景不像世界末日的來臨，但也並不十分美麗，跟雷蒙德．庫茲韋爾描繪的明日世界，顯然有很大的差距。

科技不能回答的關鍵問題

能不能改善？喬詹．蘭德斯認為有五個核心問題，國際社會需要能夠找到妥當的答案，否則結果可能更糟。

資本主義的終結？現行資本主義分配不均的現象顯然必須遏止，不然社會動盪不安的壓力將逐漸累積，直至一發不可收拾。此外環境成本、社會成本都必須成為成本因素的考量之內，否則不適當的成本嫁接，將扭曲經濟發展的方向。然而，改善資本主義的動力從何而來？難道能依賴短視的民主？還是冒險承受革命的激進後果？

經濟發展的終結？已發展的西方國家可以接受較緩慢的經濟成長，但是很難放棄目前的生活享受。他們不能反對開發中國家追求高速經濟成長，但更擔心地球顯然無法負荷四十億亞洲人口追求跟美國一樣的生活水準。區域經濟追求各自需要的發展，全球有沒有折衷協調的機制？

緩慢民主的終結？民主是產生權力的最佳機制，卻不一定是產生決策、採取行動的最佳選項。它的決策過程極其緩慢，眼光也極度短視。有如見到一位幼童走在鐵道上，該用民主機制來討論是否應該介入嗎？今天全球面臨的課題，是否跟幼童走在鐵道上，想在火車撞上前安全回家一樣？

代際和諧的終結？老吾老、幼吾幼是歷來維持代際和諧的社會倫理，在資源不足的地區，幼吾幼通常較老吾老為優先，仍然可以維持和諧。然而由於民主的短線操作，老吾老的政策往往佔了上風，加上經濟發展放緩，減少了年輕世代的資源和機會。這種代際衝突，人類並沒有解決的經驗，有人甚至認為革命或動亂在所不免。

穩定氣候的終結？氣候雖然正在逐漸變化，仍算大致穩定，但是超過臨界點後，氣候有可能開始自我強化（self-reinforced），例如凍土融化釋放甲烷，造成氣溫升高，更加速了凍土的融化，釋放出更多的甲烷。可是有誰知道我們離臨界點還有多遠？火車什麼時候就要撞上了？

思考人類未來，雷蒙德．庫茲韋爾的 2045 年，或是喬詹．蘭德斯的 2052 年，他們的信心和憂心，有如朝陽初升和夕陽將下。樂觀者的預測，絕對不會全部發生，但他們可以給人們帶來希望，悲觀者的預測，也不會全部發生，但可以讓人開始做好充分的準備。

喬詹・蘭德斯的憂心，來自觀察歷史的軌跡，像是白天鵝的存在，無人能夠否認。雷蒙德・庫茲韋爾的樂觀，來自對未來的憧憬，像是黑天鵝的存在，無人可以提出反證。

也許未來落在樂觀與悲觀之間。

也許奇點不會發生，但是科技產生了重大的突破，卻無法擴散到大多數的人類。只有少數掌握科技的人，成為某種程度的人機合生體（man-computer symbosis），他們的壽命、智力、需要跟普通人類不同，最後掌握多數資源，從此人類社會分成兩個不同的階級，其差異一如現代城市居民跟婆羅洲原始土著間的差異。

也許科技進步沒有那麼快速，並且緩慢的擴散到大部份的人類。由於人口緩慢減縮，地球負擔減輕，提供人類處理複雜問題的緩衝期，其間文明還能持續發展。

也許未來自然風貌會大幅改觀，人類生活在都市叢林裡，與機器僕人、寵物為伴，觀看 3D 虛擬實境（Virtual Reality），重溫早已消失的珊瑚群、熱帶雨林、針葉林、冰川，和無數絕跡的生物，如同今天我們觀賞古代的恐龍模型。

這麼多版本的「也許」，只有時間能驗證。以現代人的平均期待壽命，現在五十歲以下的人可以見證到 2045 年時奇點是否真會發生。2045 年的世界人口中，大約有 30% 現在還沒有出生。

究竟哪一代的人掌握了通往 2045 年的鑰匙？我們是否站在一個關鍵時代？人類的明日會變好、還是變壞？這些問題，真是叫人既好奇又迷惑。

｛讀後想像｝

★ 科技只是人類創造出來的改善生活的工具之一，並非萬靈仙丹。人的需求會因為被滿足而膨脹，雖然現在幾近枯竭的資源可以找到替代品，但作為替代品的資源也會有枯竭的一天。那麼是否克制人類的慾望膨脹速度才是關鍵？

★ 讓發展中國家不要享受像美國一樣的生活方式，還是如何讓享受了多年紅利的發達國家出讓當今擁有的一部份特權，那一種比較公平？比較有可行性？

★ 如果真能長生不老，我們會想活多久？

實力 2

創業力

創業家，你在打台灣盃、亞洲盃、
還是世界盃錦標賽？

01.

青春作伴，創業去了

一位對互聯網及移動有興趣的投資人遇見了兩個創業者，
一人二十歲，一人四十歲，
他會偏愛對 Android 原始碼滾瓜爛熟卻毫無商場歷練的後生小輩，
還是百戰商場屢有斬獲卻從未用過 Snapchat、Instagram 的創業老將？

一位朋友的兒子是 MIT 的高材生，升大四暑假時到谷歌山景城總部實習，結束後谷歌以優渥的條件招攬，他倒好整以暇，沒當場接受，趁感恩節回家又安排了幾家公司面試，結果挑了一家最小的新創。公司雖小，給的薪水可不低，他卻嫌太高，跟老闆談條件，結果雙方同意薪水減少 2 萬美元，股票增加 50%。

青春就是本錢

新創公司年輕化是全球的趨勢。1968 年英特爾（Intel）成立時，創辦人諾艾斯（Robert Noyce）及摩爾（Gordon Moore）剛 40 歲。

1998 年谷歌成立，佩吉（Larry Page）和布林（Sergey Brin）25 歲。等到 2004 年祖克柏（Mark Elliot Zuckerberg）成立臉書時，他還沒滿 20 歲。凡是拿出來說的都可能是孤例，但若參加矽谷 Startup 500 的選秀，或是參觀 Techstars 在紐約、波士頓、芝加哥等地舉辦的為期三個月的創業講堂，或者走訪 Seedcamp 在倫敦和柏林的加速器，放眼望去，多是從學校畢業沒幾年的初生之犢。

就像我那朋友的兒子一樣，青春就是本錢，沒家沒累，一個人吃完飯全家肚子飽，運氣好，做了四年，股票也許值好幾百萬美金。即使失敗了，學了一身功夫，下一家公司還等著要人（因此有人說矽谷的創業風險不高）。說不定這期間靈光乍現，想到什麼好主意，自己開起公司來也是常見的事。

年齡軸上，創業本來向年輕這端傾斜，但是全球還有另一個相反的趨勢，就是年輕世代心理成熟年紀普遍延緩，宅男不再被視為不願面對世界的病態，反而成為獨居斗室睥睨天下的標誌。在這種「幼態延續」（Neoteny）、知與行嚴重落差的時代潮流裡，創業者的年紀仍然逐年下降（矽谷已經有高中生的商業企劃書競賽），主要由於以下幾個原因。

首先是傳統的大型企業多以短期營運成果為 CEO 績效指標，為了股價，必須追求利潤，為了利潤，最快的方法便是增加效率，為了追求效率，精實人力是必然的措施。同時因為社會整體失業率仍然偏高，大型企業在就業人口中挑選有經驗者，遠比從頭訓練社會新鮮人更為精準快速。這是全球年輕人失業率（12.5%）是整體失業率（4.5%）幾乎三倍的原因之一。

在這樣的大環境裡，年輕人對大型企業的失望和反感可想而知，於是創業成為就業之外的合理選項。如果找人投資不比找工作困難，何妨創辦一家公司，自己當自己的老闆？

或許由於祖克柏的光環耀人眼目，今天的投資界確實對年輕人比較友善。在互聯網或是移動應用一波一波的浪頭上，時下二、三十歲的年輕人是原生的衝浪者，他們掌握了關鍵技術，對市場嗅覺敏感，稍有風吹草動，勢頭不再，馬上能夠「見風轉舵」（pivot）。不妨試想：一位對互聯網及移動有興趣的投資人遇見了兩個創業者，一人二十歲，一人四十歲，他會偏愛對 Android 原始碼滾瓜爛熟卻毫無商場歷練的後生小輩，還是百戰商場屢有斬獲卻從未用過 Snapchat、Instagram 的創業老將？

然而造成今天創業多新秀的局面，最重要的原因可能是現代社會似乎找到了創業成功的方程式。其中創意是最重要的元素，經驗只不過扮演催化劑的功能。

門檻降低，創業百花齊放

2014 年 1 月份的《經濟學人》將當今的創業環境比喻為五億年前地球經歷的寒武紀，當時的生物圈僅有簡單細胞生物，但是自然界發現了訣竅，像堆積木般分化突變出種種高級而複雜生物，「短短」幾百萬年的時間裡，發展出八百萬新物種。依《經濟學人》的看法，今天的創業環境也跟寒武紀類似，到了百花齊放的時代。

這個比喻雖然有些誇張，但創業門檻越來越低也是實情，如今想要創業的人，如同玩樂高遊戲，人才、資金、技術、法律、財務都有現成的模組，不必從零開始。

募資永遠是個挑戰，但是現在管道越來越多，除了創投，許多友善的天使投資人聚集成群，掏出腰包之外還樂於分享經驗。如果題目合適，群眾募資也是一個吸引人的選項，許多新創公司，透過群眾募資的平台不但拿到第一桶金，更得到寶貴的市場資訊。

缺乏經驗也不是問題，每個國際城市都有許多育成中心、加速器，提供密集集訓、業師輔導、甚至於啟動基金。有人發現，何必花費十萬美元念個 MBA ？不如想個點子，透過選秀，進入加速器待個一兩年，若能拿到幾十萬元投資，人家出錢，自己得到比商學院更寶貴的實戰經驗，何樂而不為？

更重要的是，開發產品的時候，現代技術工具箱裡的工具一應俱全。需要伺服器或頻寬，可以找雲端資料中心，用多少付多少，省掉了大筆的資本支出。開源碼（open source code）隨手可得，程式環境如 Ruby on Rails、微軟的 .NET 省去寫程式的許多麻煩，找不到工程師，可以找 eLance，程式寫完了需要測試，有 UserTesting.com 提供服務。在這樣完善的環境下，一家新創公司只需聚焦在自己的原始創意、最有競爭力的強項。

過去需要花費上千萬美元才能完成的開發工作，現在也許不到百萬就能搞定。時下又正流行「精實創業」（lean startup）的理念，創業資金需求減少，創業自然相對容易，失敗的風險也隨之降低。加上外部有各種可以運用的資源，創業成功的勝算當然大了不少。

因此觀察自 2008 年金融海嘯後成立的許多新創公司，如 Dropbox（公司成立時創辦人 25 歲），Pinterest（27 歲），Stripe（22 歲），Airbnb（27 歲），Snapchat（22 歲）等公司迅速能夠登上身價美金 10 億元的金榜，除了創業者獨有的創意外，不能不歸功於創業環境的長足進步。

年輕人在台灣創業的環境

不過以上所敘述的基本上是美國的現狀。台灣也有創業年輕化的趨勢嗎？或者說，台灣適合年輕人創業嗎？

答案應該是肯定。不過年輕人在台灣創業，整體環境究竟跟美國大不相同，他們面臨了許多現實的限制，我們應該認真看待。

其一是與父母期望的相互妥協。當一個績優大學的畢業生在台積電、聯發科與一個名不見經傳只有五個人的小公司做選擇時，絕大多數台灣的父母都會強烈建議選擇大公司，因為「大公司有制度，既有保障，又可以開眼界」。即使年輕人堅持己見，加入了小公司，當公司經營遇到瓶頸時，父母親的標準反應則是：「看吧！我早跟你說過。」在這樣的壓力之下，他能堅持多久呢？

其次是產業與市場規模的抉擇。我曾將創新分為薄創新與厚創新兩類[1]。厚創新如材料、生技、能源等，常需要「老師父的手藝」，剛出校門沒幾年的都算菜鳥。年輕人擅長的互聯網或移動，多屬於薄創新，例如前面舉例的十億美元俱樂部公司，說穿了不過是靠一個新穎的點子罷了。可是同樣的創意放到台灣，哪裡去找上億個用戶呢？

註 1：可參考本書第 3 章第 1 篇〈薄創新與厚創新〉。

薄創新需要大市場做腹地，台灣太小，再好的創意，靠2300萬人口無法充分體現它的價值。加以台灣創業生態遠遜於矽谷，好點子無法產生加速度，稻子還沒熟，可能就得讓人收割。因此台灣的年輕人在創業時，對於薄創新與厚創新不同的遊戲規則，所需要的爆發力或續航力，要有清楚的認知，對於市場規模的大小，更要敏感地估計。

最近台灣對於創投界的短視和缺少天使投資人的機制有許多檢討，這些都是事實，有改善的空間，但也不能忽視另一個現象，就是台灣近十年來的新創公司，成功的多是一、二壘安打，跟美國新創公司不是高飛球、就是全壘打的特性完全不同。美國的創投可以期望十倍、百倍，甚至千倍的報酬，台灣的創投卻只能看到三倍、五倍、十倍的回收。報酬高低不同，承擔風險的能力自然大小不一。

市場小，創意不足，創投裹足不前，創業者洩氣，這是台灣經歷過的負性循環，正好跟矽谷、倫敦或北京的創業圈中，市場+創意+創投推波助瀾+創業者意氣風發的正向循環相反。還好台灣這兩年似乎看到些許反轉的曙光，其中最重要的關鍵還是得回到年輕世代最擅長的「寧鳴而死」的創意，和「不默而生」的創業精神，當然「大人們」創造一個適合台灣原生創意的創業環境，搭建舞台的責任也是責無旁貸。

{讀後想像}

★ 是否所有新穎的點子都是創業的好題目？ 還是有其他需要列入考量的因素？年輕人本來經驗就不足，既沒有經驗，如何判斷是不是好題目呢？

★ 要對父母說「現在先不要管我這麼多，投資我就對了，過幾年我會變成獨角獸的」，這樣嗎？

★ 創業難道只屬於 MIT、史丹佛、哈佛、台大、交大？為什麼過去的創業者像王永慶只有小學畢業，郭台銘只有海專學歷？

02.

由二次創業看創業的意義

矽谷有許多第二次、甚至第三次創業的冒險家
雖然經歷了輝煌騰達，他們也不戀棧成功，願意重頭再來一次。
價值是一個時間函數，過去的軌跡不能保證未來，
即使不再需要證明，還是得持續探索：我未來的價值何在？

我曾經在矽谷玉山科技協會舉辦了一次座談，題目是：「第二次創業」。三位與談人雖然年輕，卻都是創業老手，其中兩人首創的公司分別被大公司以超過一億美元的金額併購，另一位的公司則成功上市，市值超過數十億美金。事過數年，他們三位不約而同重做馮婦，第二次創業。

矽谷有許多第二次、甚至第三次創業的冒險家，雖然經歷了輝煌騰達，他們也不戀棧成功，願意重頭再來一次。這種特殊的矽谷文化，十分引人好奇。

二次創業的故事屢見不鮮，自然跟矽谷的特殊環境有關。一則因為新創公司被併購比上市的機率高，每一次併購，創業團隊不免回流到人才庫，尋找下一次創業的機會。此外創投資金充沛，有時支票追著人跑，特別是擁有成功紀錄的創業者。

然而最重要的外在原因可能是——矽谷到處充滿了創意。當創意比資金多，資金比人才多，創業者自然容易發現二次創業的機會。

縱使外在的環境一再召喚，也得創業者為之怦然心動。享受過成功的創業者，早已錦衣玉食，金錢只是一組數字，二次創業無論多麼成功，也不能增加生活品質。何況他們深刻了解，第二次創業不一定比第一次容易，見識雖然長了不少，但是經驗往往也是陷阱，第二次創業，成功的機率不見得比第一次更高，失敗了，還可能壞了名號。

那麼，他們為什麼還會心動？

從創業，探索自己的價值

有些人因為還年輕。（例如座談會的三位與談人都才四十歲出頭。）

有些人高爾夫球打膩了。（結果他在第九洞放下球桿，回家開了一家公司，六年後又上了市。）

有些人不想讓青少年的兒子看到爸爸成天待在家裡無所事事。（於是他先投資了許多家公司，後來自己加入其一當 CEO。）

有些人想讓更多的人像他一樣，賺夠多的錢。（因此他開創的新公司裡，給員工的認股期權格外慷慨。）

快樂的賣鞋人謝家華想要藉此打造一種獨特的公司文化。（他現在又在悄悄地改變賭城拉斯維加斯的城市風貌。）

第三次創業的 Evernote 總裁菲爾．力班（Phil Libin）說，他終於有機會改變世界。（聽起來有點陳腔濫調，不過他說得很認真。）

PayPal 的共同創辦人之一伊隆．馬斯克（Elon Musk）開始做起別人不敢做的夢。（也說服了許多人跟他一起投資電動汽車，以及到火星觀光旅行。）

每一個人都有不同的理由。當別人問起：為什麼要二次創業？他們總可以很快的提出一個答案，滿足旁觀者好奇的提問。

但有一個理由不容易說出口，說出來，旁觀者也很難體會。

現在我終於成功了，但是探索仍然存在：從今往後，如何繼續發揮我的價值？

第一次創業者，多半需要證明自己的價值。等到第二次創業，才發現原來價值是一個時間函數，過去的軌跡不能保證未來，即使不再需要證明，還是得持續探索：我未來的價值何在？

正因為如此，也許二次創業的故事更能回答第一次創業就該問的問題：為什麼要創業？成功的意義是什麼？我需要什麼樣的成功？

{讀後想像}

★ 二次創業，理論上也有第一次失敗再進行第二次創業的創業家。從接受失敗到決定第二次創業的心路歷程，是否更值得玩味？

★ 創業本身是一種過程還是一個心態？創業家具備的特質與力行的程度，是否是決定其差異的關鍵？

★ 矽谷創業家所引領的風潮，在 sense-making or profit-making 這兩件事情上，有哪些必須兼顧？又有哪些必須取捨？如果投資人以上市櫃成為目標，與其創業者本身想要完成的價值信念是否衝突？

03.

小池養小魚，大魚找大池

為什麼台灣沒能產生像臉書這樣的新創公司？
選擇這樣的題目來吸睛無妨，做為一個認真的議題卻毫無必要，
還可能產生誤導，
因為徒增無謂的欣羨，移轉了對關鍵因素——市場規模——的注意力。

在美國，據說一位求職者接受面試時經常被問到的問題是：如果你住在芝加哥，人口有三百萬人，這個城市裡有多少位理髮師？或者是，有多少牙醫？或是房地產仲介？

這類問題並非用來測驗面試者的知識，因為知識性的資訊，任何人谷歌一下就能找到答案。比知識更重要的是常識、邏輯思考和想像力。資訊永遠有限，如何透過基本觀念和一些聯想，得到八九不離十的推測？尤其對於許多嶄新的技術或產品，市場既不存在，自然缺乏具體市場資訊，能夠仰賴的只有常識和邏輯。

談經濟，不能不談人口的數量和趨勢。談創業，必須要知道市場規模，歸根結柢，也要探討人口規模的大小和組成的成分。一如芝加哥能養活多少理髮師或牙醫，自有個定數，出入不大。

同樣的，台灣 2300 萬的人口好比一個魚池，多大的池就只能養出多大的魚，想養更大的魚，就得另覓更大的魚池。

台灣臉書能值多少錢？

互聯網時代資訊瀑流現象顯著，創意的擴散速度大於創意產生的速度，美國的創新點子剛曝光，台灣急於創業的人在第一時間內便開始研究如何移植、模仿、甚至乾脆抄襲。其實能夠快速的抄襲也是一種競爭優勢，但如忽視市場規模的因素，往往導致畫虎不成反類犬的尷尬局面。

臉書剛上市的時候，台灣許多刊物和文章紛紛討論：為什麼台灣沒能產生像臉書這樣的新創公司？選擇這樣的題目來吸睛無妨，做為一個認真的議題卻毫無必要，還可能產生誤導，因為徒增無謂的欣羨，移轉了對關鍵因素——市場規模——的注意力。

舉例而言，臉書號稱有十一億用戶，公司市值高達 1260 億美金。假設當年有家公司推出台灣版的臉書，在台灣擁有 100% 的市場佔有率，這家公司能有多高的價值？如果採用梅卡菲定律，一個網路的價值相當於網路中基點數的平方值，推算下來，台灣版臉書只有 50 萬美金的身價（其實無論 50 萬、500 甚至 5000 萬美金都不是重點，當初無名小站賣給台灣雅虎雖然也賣了個 2000 萬美金的身價，而六年後，雅虎不敵臉書，無名小站也只好宣布熄燈關站）。

因此魚的大小跟魚池的尺碼有決定性關聯，不是「愛拚就會贏」、「人定勝天」的愚勇精神就可輕易改變的。

B2C 打底，B2B 封頂

我們可以將企業簡單分成兩類，一類提供產品或服務給最終客戶，或者稱為 B2C，一類提供給其他的企業組織，B2B。理髮師、牙醫、房產仲介，或者是蘋果、宏達電、王品屬於第一類，而提供燙髮器、牙醫器材、客戶管理軟件的公司，或者是大立光、宸鴻、上銀等則屬於第二類。

B2C 的公司能夠長多大，跟 C 的大小直接有關。決定 C 有兩個主要因素，一是人口數目，一是個人消費能力（所得減去儲蓄）。

C 越大，B2C 公司成長的潛力越高。而 B2C 的公司越多，B2B 的企業才有生存基礎。這是堆積木的自然現象，B2B 屬於上一層積木，既不能凌空搭建，也不可能比下層積木更寬。

了解市場規模對於創業有深刻的影響，尤其對台灣這樣一個人口小國，創業者必須經常思考，我的市場在哪裡？有多大？我想養多大的魚？池子夠不夠大？到哪裡去找更大的魚池？

姑且借用台灣很夯的烘焙業來說明。

據說台灣有一萬家麵包店，烘焙業一年有630億的產值，佔食品工業年產值10%，看到烘焙業如此欣欣向榮，政府也編列了大筆經費培訓新一代的烘焙師。也許有人該問，以台灣2300萬人口，麵包店該有多少家？有沒有最適規模？如果答案是一萬兩千家，那還有兩千家的成長空間，想要成為吳寶春第二的年輕人應該趕緊掌握機會；如果答案是八千家，那就別讓吳寶春的光芒照炫了眼睛。與其湊熱鬧開麵包店，不如順著烘焙業的供應鏈往上摸。凡瓶頸之處，就是商機所在，也許賣烘焙設備還有幾年的好光景。

一方面缺乏對市場規模的估計，一方面缺少創新的能量，台灣許多人創業常落於同性繁殖的模式。只要有人捷足先登，嘗到了甜頭，旁觀者看了眼紅，蜂擁而上，餅既不能做大，只好搶餅吃，每人分到的越來越小，為了生存，砍成本犧牲品質，結果拉垮了整個產業。

這樣的道理好像很明顯，怎麼可能有人犯這種低級的錯誤？然而現實生活裡，出於盲從和眼紅，低級錯誤不但反覆而且大規模的一再重演。觀察台灣銀行業界、大專院校、有線電視台、出版業的發展，今天所處的困境大多來自於數量的過度膨脹。

池子本來不大，還不斷往裡撒魚苗，怎能期望養出大魚呢？

其實對 B2C 的行業，C 不必侷限在台灣本島，捷安特不也行銷全世界？因此對台灣的創業者而言，C 的大小既是一項對客觀環境的推測，也是一個主觀的策略性抉擇。

微型創業也無妨，上市則要靠規模

假設創業者的目的是公司上市（這並不是唯一選項，台灣也需要中小型及微型創業），在台灣上市，營業額約十億新台幣是一個大概的門檻。若台灣市場規模有五十億元，能在五年時間搶占 20% 的市佔率，便能做到十億的營業額。如台灣市場只能支持十億元，又無法通吃，創業者便要未雨綢繆，及早物色另一個市場，以擴大 C 的基數。

要找大 C，便要進入台灣以外的國家，除了地理位置、文化隔閡、貿易壁壘之外，最大的考量點應該是市場的成長性。一個小卻快速成長的國家，可能比大而停滯的國家存在著更多的機會。

B2C 的企業通常比 B2B 更需要建立品牌，沒有廣大的本地市場做靠山，以台灣的人口基數搭建全球品牌有相對較高的困難度，HTC 和小米機近幾年來的此消彼長，除了執行面的失誤外，本國市場規模的懸殊差距也是一個不能忽略的因素。

台灣大型的 B2C 企業多為本土企業，行業別多屬於零售業、房地產、保險業、電信業，地域壁壘障礙高，外國企業不容易進入，自己也難以走出國門。少數能打進國際市場的 B2C 企業多是地域壁壘較低的資訊與通信科技（ICT）產業，如宏達電、宏碁、華碩，但他們的成功，主要還得歸功於台灣厚實的資訊產業鏈。

打開台灣一千大企業的名單，絕大多數屬於外銷型的 B2B 企業，因為一般 B2B 的地域壁壘障礙較 B2C 為低。B2B 中，產品比服務容易超越壁壘，硬件比軟件容易，零組件又比系統容易。最近受到許多矚目的德國隱形冠軍企業，多為在消費圈內藉藉無名、卻在專業圈中久享盛名的國際性 B2B 企業。

對市場的敏感度比技術重要

依我所接觸矽谷和台灣許多年輕的創業朋友，兩者最大的差別是對市場規模的敏感和重視程度。台灣追逐創業夢想的年輕朋友在埋頭開發獨門技術之餘，請不要忘記抬起頭來，舉目四望，未來的市場在哪裡？

一、詳細分析產品（或服務）的特性適合 B2C 或 B2B ？

二、台灣的市場有多大？如果市場太小，產品又有明顯的區域侷限性，也許這只是一個微型創業的機會。

三、如果台灣市場太小，如何進入泛華人或國際市場？中國、歐美、東協、中東、非洲，進入的順序如何？人才從哪來？

四、何時進入？從公司剛成立便建立國際化的 DNA，還是先在台灣站穩腳步再邁出國門？

五、如果台灣 B2B 的市場太小，是否要延伸自己的價值鍵，從 B2B 擴大到 B2C ？或者台灣 B2C 太小，是否改為追求國際市場的 B2B ？

李開復曾經坦率指出：台灣太小，小市場不可能成就偉大的公司。這話不錯，小池確實養不出大魚，創業者對於魚和魚池、B2C 及 B2B，都應該好好參一參，如果自認「非池中之物」，就該好好規劃，早日走向世界，不必為台灣這個池子所限。

{ 讀後想像 }

★ 文中提到對市場的敏感度比技術重要，在台灣創業，如何能夠培養對全世界市場的敏感度？

★ 台灣有許多電子商務公司，像 PC Home，他們是小池子裡的大魚，還是大池子裡的小魚？他們如何游向大池子？

★ 究竟應該從台灣走向世界，還是從世界走向中國？

04.

創業者有必要溫良恭儉讓嗎？

根據《反骨經濟》的作者所述，
那些被主流社會認為離經叛道、遊走偏鋒、不合時宜、不知好歹、
跟所有人唱反調、在人群中格格不入的人，
有五項所有的創業者迫切需要的特質。

史蒂夫·賈伯斯 1997 年 7 月回到蘋果電腦，重掌 CEO 兵權，短短三個月內，蘋果推出「不同凡想」（Think Different）行銷計畫，透過電視、平面媒體、城區廣告、公路看板，全美國鋪天蓋地，營造出蘋果不落流俗的品牌形象。十二個月的時間裡，蘋果公司還沒來得及推出任何新產品（顯示器與主機二合一的 iMac 要等到 1998 年 6 月才上市），股票已經上漲了三倍。

賈伯斯成功逆轉蘋果電腦當然是公司史的佳話，這段逆轉佳話的源頭可以說是「不同凡想」專案，特別是其中六十秒長的電視廣告，已經成為歷史上的經典。

一支六十秒長的廣告

這段短短一百字長的文案值得細嚼回味，這裡配上家庭手工翻譯，以供不習慣讀英文的讀者參考之用。

Here's to the crazy ones.	獻給　天下狂人
The misfits.	格格不入的人
The rebels.	叛逆的人
The troublemakers.	搗蛋的人
The round pegs in the square holes.	塞不進方洞的圓木
The ones who see things differently.	一切看法另類的人
They're not fond of rules	他們不拘規則
And they have no respect for the status quo.	不耐一成不變
You can quote them,	你盡可引述他們
disagree with them	反對他們
glorify or vilify them.	讚美或誹謗他們
About the only thing that you can't do is ignore them.	唯獨不能漠視他們
Because they change things.	因為改變靠他們
They push the human race forward.	推動人類向前也是他們
While some may see them as the crazy ones,	雖然有些人把他們當狂人
we see genius.	我們看他們是天才
Because the people who are crazy enough to think that	因為這些人狂妄到
they can change the world,	自以為能改變世界
are the ones who do.	結果還真能做到

六十秒鐘的廣告裡不談蘋果產品，不談 CPU 速度，不談性價比，只談價值，向觀眾暗示：蘋果不拘一格，設計出來的產品當然與眾不同，最登配自命不凡的使用者。

這段文字之所以被視為經典，除了它為蘋果帶來的商業成功之外，更重要的原因它已經成為一項精神的宣言，文化的旗幟。它承襲了 60 年代反叛主流的血液，卻又表現出天下事捨我其誰的氣概，跟二十一世紀新創公司的氣質不謀而合。

文案中兩個名詞，Rebel 和 Misfit 本來都是負面文字，在華人的習慣中，幾乎沒有人會用來做為公司名字。但有此宣言做後盾，創業者不再忌諱，RebelMail（可以直接在電郵中購物）、Code Rebel（虛擬和實體電腦應用，2015 年上市）、RebelMouse（針對社群技術而設計的數位出版平台），標榜 Rebel 的新創公司一一出現。一家穿戴式裝置公司更不客氣，直接以 Misfit 為名，在眾募平台上獲得將近一百萬美金訂單，經過幾輪募資後，2014 年得到小米及其他投資人四千萬美金的投資，它顛覆性的設計概念（六個月不需充電，完全沒有顯示螢幕），頗有明日之星的架勢。

經過這些年來媒體訊息的沖刷，Misfit 或 Rebel 這兩個字眼隱藏的負面含義慢慢淡出，獨具創意、別出心裁的正面意義開始形塑。

取反骨的經

有一位作者，甚至認為多虧了這些天生反骨的創業者帶來無比的創新動力，因而創造了一個新名詞，Misfit Economy（姑且稱之為反骨經濟），然後寫了一本書名頗長的《*The Misfit Economy: Lessons in Creativity from Pirates, Hackers, Gangsters and Other Informal Entrepreneurs*》[1]，剛出版一個月便獲得《經濟學人》的評論：「讚美另類」（In Praise of Misfits）。

有主流經濟便有非主流經濟，有正式經濟便有非正式經濟。灰市、黑市、甚至於非法市場，從來都是整體經濟活動的一部份，據說全球非正式經濟佔整體經濟規模的比例高達60%。國家越落後，非正式經濟比例自然越高，然而即便在民主法治國家，非正式經濟依然活躍，甚至於共享經濟、以貨易貨、比特幣這些數位經濟的弄潮兒，常常遊走在正式與非正式經濟的邊緣，例如Uber在全球涉入的法律訴訟便不計其數。還有像開源（open source）碼或開源研發這一例的經濟活動，因為沒有作價關係，根本無法顯示在正式經濟的雷達幕上。

那麼主流經濟可以跟反骨經濟取哪些經呢？天生反骨的人有什麼

註1：Alexa Clay、Kyra Maya Phillips著，Simon & Schuster出版，2015年6月。

可以值得正常人學習的？

根據《反骨經濟》的作者所述，那些被主流社會認為離經叛道、遊走偏鋒、不合時宜、不知好歹、跟所有人唱反調、在人群中格格不入的人（包括海盜、駭客、騙子、流氓、販毒者、黑幫份子等），有五項所有的創業者迫切需要的特質。

一、嚇索（hustle）的本事。英文裡 hustle 有糾纏、咬住不放、不達目的不輕易放棄的涵義。非主流社會的人為了生存，常常利用極其有限的資源，發揮最大的效應，在沒有機會中創造機會，一試不成，再試一次，屢敗屢試。這種人臉皮比較厚，遭到拒絕心理不會受傷，摸摸鼻子從新再來。這樣的特質，是否創業者十分需要？新創業的環境裡，自己擁有的資源少，有求於人的機會多，創業者如果沒有幾分嚇索的本事，如何能夠在激烈競爭中擺脫落後的命運？

二、抄襲（copy）的本事。抄襲的紅線是不能偷竊，除此之外模仿是最好的追趕方法。中國的山寨手機從抄襲到微型改善，現在小米機、華為，或 OnePlus 的智慧手機，其創新和性價比已經跟宏達電不分軒輊。不介意抄襲，有點英雄不怕出身低的意味。

雖說如此，有關抄襲，我個人的看法是：針對整體經濟的發展，抄襲確實有可能帶動整體技術能力的發展，但是對個體的公司而言，抄襲成了習慣，多少會影響創新的動力。

三、駭客（hack）的文化。對駭客而言，「此路不通」或「禁止通行」的招牌充滿了無限的誘惑、無窮的想像，駭客如果能夠找到暗道，進入禁區，即使招牌之後沒有寶藏，也能證明自己武功高強。駭客文化在矽谷互聯網公司中十分受到推崇，臉書便是其中之一，祖克柏認為駭客可以測試系統的能耐，將不可能變成可能，從而不斷改善系統的功能。

四、挑釁（provoke）的習慣。躲在舒適圈裡，遵循傳統的智慧是每一個主流社會的人的工作方式，但是天生反骨的人顯然不以此為滿足，他們不惜挑戰權威，從別人沒有思考過的角度挑戰傳統智慧。往往出自這些人的挑釁，才發現國王果然沒有穿新衣。

五、轉進（pivot）的彈性。許多格格不入的人在職場生涯上，往往不採直線發展，反而常見巨大的轉折點。這種跨界的經驗可以提供特殊的觀點，迸發出難得的火花，這跟一般循規蹈矩的職場人士的直線發展路徑十分不同。

即使在個人主義發達的西方社會，反骨文化都難免引人側目，若跟中國人溫良恭儉讓的傳統比較，這五項特質更是違背了許多人從小的家教。正因如此，特別值得華人創業者留意。

根據我多年對中西創業者的接觸，一般華人創業者有幾種常見的傾向。最明顯的是他們比較好面子，十分在意周遭的人對他的看法，職位越高，越不願表現自己無知，越喜歡製造天威難測的印象，更不願意輕易向人開口求助或求教，以免造成低人一等的形象。公司的組織需要變動時，最在意的是別人對自己職務變動的看法（是升還是降？還是明升暗降？），而不是如何人盡其才，各適其位，發揮每個人的潛力，對公司產生最大的貢獻。

另外，常持反對立場或另類思考的人，一不小心便偏向感情用事，難以用理性分析，努力爭取到別人的認同。甚至於雖然堅持原則，卻缺乏執行力，又不能提出有效替代方案，最後反而不容易累積小變革而造成大革命。

相對之下，反骨經濟最重要的是一種「成事」（can do）的精神，以上這些情緒因素都無濟於事。只要手段合法，不把別人利益轉移成自己的利益，不竭澤而漁，不造成他人無法轉變的反感，現代的創業者不妨把溫良恭儉讓暫時放在一邊。只有當創業有成時，優雅的身段才有價值。

{讀後想像}

★ 學齡階段，到底該教他們溫良恭儉讓，還是當個 rebel and misfit ？

★ 不溫良恭儉讓，難道要學大陸同胞的狼性？

★ 創業靠團隊，如果每一個人都不溫良恭儉讓，唱反調，特立獨行，這個團隊還可以維持嗎？

05.

除了錢，工作還為了什麼？

雖然千禧世代被冠上草莓族或 ME 世代的形容詞，
其實他們對於社會、環保、平權等議題比上一代投入更多的關注。
他們或許脆弱，但脆弱往往來自於敏感；他們表現的自私又自戀，
卻比上一代更願意將別人的事、某個黑暗角落的事當成自己的事。

一位老朋友自東岸飛到舊金山，參加兒子的畢業典禮。兒子從舊金山大學醫學院拿到生物醫學博士，準備到癌症醫學中心做博士後研究。當年剛進醫學院，他如果選擇當醫生，只要熬到住院醫師，一年薪水總是以年薪美金二、三十萬起跳，但如果選擇念博士，取得學位後再做幾年博士後研究是必經之路，薪水不過三、四萬，兩者相差不只五、六倍。

當初在抉擇醫生（MD）或博士（PhD）生涯時，難道兒子不知道將來薪水有如此巨大的懸殊嗎？「當然知道」，老爸淡定地說，「不過他從高中開始，就立志要醫病，而不是醫人」。當醫生，醫術再高，能救的人有限，若是走研究路線，找到治療疾病的新方法，所有患這種疾病的人都能治癒。這樣的成就感，再高的薪水也難以滿足。

尋找工作的人，同時也在尋找工作的意義。雖然每一個人的價值觀不同，但一代人在時代背景下，自有其特殊的印記。

溫飽以外的追求

過去經濟匱乏的時代，工作為了謀生，以個人時間換取生活所需，求職者在衡量工作的吸引力和未來發展潛力時，多半圍繞著經濟的主軸。但先進國家，包括台灣在內，經過數十年的富裕，年輕的世代在成長過程中不曾經驗經濟的壓迫性，也少有家庭生計的負擔，因此對於工作的意義自然有非常不同的期待。

雖然千禧世代被冠上草莓族或 ME 世代的形容詞，其實他們對於社會、環保、平權等議題比上一代投入更多的關注。他們或許脆弱，但脆弱往往來自於敏感；他們表現的自私又自戀，卻比上一代更願意將別人的事、某個黑暗角落的事當成自己的事。

這樣的年輕人看待工作和人生，除了溫飽的基本需要外，更看重馬斯洛金字塔更高階需求的滿足。

一般說來，千禧世代常常採取幾種不同的途徑來平衡工作與人生。

對一部份信心強、願心大的年輕人，他們可能選擇直接加入 NPO 組織，為自己關心的議題奮鬥若干年，成則再接再厲，不成重回「出賣自己靈魂」的主流職場也無妨。

還有一些年輕人賺錢的條件比一般人優越，寧願掌握機會累積財富，等到行有餘力，再挾帶豐沛的財務資源，全身投入改變世界的行列。微軟的比爾蓋茲是這種模式最值得稱道的範例，他的蓋茲基金會已經排行全世界之首，許多年輕的科技新貴，如臉書的祖克柏，eBay 的皮埃爾・歐米迪亞（Pierre Omidyar）和傑弗里・斯科爾（Jeffrey Skoll）也都採取相同途徑，成為新一代的慈善家。

多數的年輕人難以下定決心從事 NPO 路線，又沒把握能夠累積大量財富，更怕的是擔心出賣靈魂後無法贖回，因此採用平行路線，一邊工作，一邊回饋社會。根據紐約時報的一篇報導，美國三十歲以下的年輕人，20% 在工作之餘還擔任志工，這個比例遠高出 25 年前的 14%。另有一些千禧世代更是用心良苦，以自己為生財工具，用專業能力賺取薪水，縮衣節食過著苦行僧的生活，然後將節餘下來的金錢全數捐給打動他心靈的 NPO 組織。

以上千禧世代的種種選擇究竟還是少數，特別是對整體就業市場而言，大多數的工作機會仍然來自追求利潤的商業機構。越來越多的企業看到千禧世代帶來的這股潮流，知道優渥的薪資報酬福利制度固然重要，卻已經不是充份條件，要吸引年輕人，公司必需對工作賦予意義。

公司對工作賦予意義

以微軟為例，執行長奈德拉（Satya Nadella）上任以來，種種改革獲得公司內外不少好評。他最有野心的企圖是重新塑造微軟的文化，賦予公司九萬名員工每天到公司上班的意義，再度燃起在三十年老牌科技公司的工作熱情。

微軟雖然是軟件公司的龍頭老大，奈德拉卻強調：「在我們這個行業裡，大家只尊重創新，不尊重傳統」。2015 年中，他在給全體員工的公開信中重新定義微軟的任務宣言：「讓這地球上一切組織和個人能夠完成更多的成就」，通過這個任務，「我們便能造成改變，尋找到工作更深層的意義」。

連微軟如此成功的龐然巨物，都需要透過「造成改變」（make a difference）來建立工作的意義，加強員工跟員工、跟公司之間的凝聚力，可見尋找工作意義不僅是員工的選擇，更是企業的責任。

「造成改變」是人人皆用的時髦說法。它適用於個人，也適用於團體；它表達了因對現狀不滿而產生的積極進取心態，也暗示了對未來的希望和陽光；它不拘束於任何特定的方向或議題，任何人、事、物都有改變、向善、向好的空間。

在「造成改變」的旗幟之下，公司究竟如何能夠賦予工作更深層的意義呢？

最簡單的作法是：如果用不同的態度來看待工作，同樣的工作便能產生不同的意義，正如四大會計簽證事務所 KPMG 一位董事長所說：我們可以當自己是一個疊磚的工人，也可以當自己是正在蓋教堂的匠人；又好像旅遊網站 Travelzoo 的 CEO 主張旅遊是促進家庭感情、世界和平最佳的方法，因此提醒所有員工，出自他們在工作上的貢獻，如果世人都有機會周遊各國，這地球一定更為友好和平。

類似的例子不勝枚舉，其實所有不違法、不做邪惡之事、能夠長久生存的公司，無論它提供什麼樣的產品和服務，多少都能造福世界上某一部份人群。可惜許多公司視員工為工具，執行一項單純的任務，這樣一顆小小螺絲釘，如何能夠看到工作的積極意義呢？

自我實現與促進社會進步

有些公司更進一步，用免費或優惠的價格提供產品或服務給特定的族群，例如學校、研究單位、弱勢團體，社福機構。或者採用「目的驅動式行銷」手段（purpose-driven marketing），更為直接的回饋社會。例如任何人在 Tom's Shoes 買一雙鞋，便有另一雙鞋送到窮困國家兒童的腳上；共乘公司 Uber 的客戶如果在國慶日叫車，公司便捐一元美金給防酒駕的公益組織。還有更多的公司，認真執行企業社會責任（Corporate Social Responsibilities），不只善盡公司的社會公民責任，也鼓勵員工參與，以加強對公司的認同。

許多這些技巧雖然免不了商業上的考量，但是提供員工舒適的環境，讓他們能夠充份發揮潛力，建立溫飽以外的工作價值，本來是公司的天職，何況調查顯示能夠做到這些條件的公司，員工滿意度高，離職率低，公司的整體績效也較其他同儕為佳。

當千禧世代視工作為自我實現、促進社會進步的途徑時，求才的公司別無選擇，必需朝這個方向改變。如果更多的公司因而能跟社會有更廣的連結，對工作的價值有更深的挖掘，這何嘗不是千禧世代給我們這個唯利是圖的商業社會的一份禮物？

{讀後想像}

★ 公司或主管該如何做，才能讓工作更有意義？工作是我們追求人生價值與夢想的大道，還是岔路？

★ 找工作的人在找尋工作的意義，如何定義意義？工作的意義應該由自己決定，還是公司決定？如果是自己決定，微軟執行長奈德拉強調公司成員的工作意義有效嗎？

★ 文章中提到 Tom's Shoes 的例子，隨著該組織被美國總統候選人羅姆尼共同創辦的貝恩資本以 6.25 億美元收購一半股份，相關爭議也逐漸浮上台面。所謂追求工作意義，是否最後還是資本家的一種工具？

06.

願「微型創業」遍地開花

微型創業有如各種創意百花齊放的植物園。
創意靠實踐，實踐需要市場，
微型創業以低成本的實驗，驗證市場的潛力。
各式各樣的創意彼此競爭、觀摩、仿效，有如花朵間的相互授粉，
下一個更好的創意由此產生。

現代年輕人聚會，「創業」是一個經常出現的話題。創業難免需要資金，一談到資金，很快便想到創業投資。其實創業點子有大有小，在創業的金字塔裡，創投基金以追求上市或併購為目的，投資對象的發展潛力必須在一定規模以上（例如三、五年後營業額至少上億），屬於金字塔的上部。

在這金字塔的最底層，數量最龐大、卻受到最少關注的是微型創業。台灣政府並沒有明文定義微型企業與小型企業的區別，不過在2007年施行的微型創業貸款鳳凰計畫中，將微型企業定義為員工人數五人以下，小型企業則為五十人以下（這個定義跟美國相同，歐盟則將微型企業定位在員工人數十人以下）。

依據經濟部中小企業處 2013 年的統計，台灣中小企業一共有 133 萬家，合計聘用 859 萬員工，佔台灣總就業人口 78%。其中微型企業家數和其聘用人數並未單獨表列，但台灣中小企業規模偏小，平均員工人數不到 7 人，因此粗略估計台灣從事微型企業的就業人數應在三、四百萬人之譜。

報章上看到的公司新聞，多屬於大型企業的報導。大企業動見觀瞻，一舉一動人人矚目，但是台灣所有大型企業聘用員工總數才 135 萬人，還不到微型企業的一半。因此一個國家經濟力的成長或衰退，就業率的走高或走低，微型企業的活力是一個重要的關鍵。

微型企業的隱性經濟效益

微型創業值得政府與民間更多的關注，有幾個原因。

首先，微型創業是人才的儲水庫。敢於創業的人，無論創意大小，都有一定的膽識，相當的抱負。創業如果成功，不僅奠定了永續經營的基礎，也創造了更上一層樓的機會。即使失敗，微型創業讓創業者以較小的成本，累積了無價的經驗，例如跟客戶及市場建立第一手的接觸，學習在複雜混沌不清的現場做出明快簡單的決定等等，都是在大企業裡中低層人員難以得到的歷練。對創業者而言，無論未來二次創業，或轉戰大型企業，這些經驗都是寶貴的資產。

其次，微型創業有如各種創意百花齊放的植物園。創意靠實踐，實踐需要市場，微型創業以低成本的實驗，驗證市場的潛力。各式各樣的創意彼此競爭、觀摩、仿效，有如花朵間的相互授粉，下一個更好的創意由此產生。特別是文創，個人的才華，草根性的靈感，更容易在一個微型企業裡孕育，在微型創業活躍的生態中茁壯。

最後，對健全的社會發展而言，微型創業也有其無可替代的貢獻。微型企業既是待業人口中途轉乘的接駁站，也提供弱勢團體一個力爭上游的機會，成為社會移動（social mobility）的原始動力。如果缺乏微型企業這個環節，社會階層間的鴻溝勢將更為遙遠，更難跨越。

微型創業也應加值升級

以台灣微型創業的現狀而言，多半屬於食衣住行民生活動的範疇，其中又以餐飲及零售居多，近來文創業也似乎生氣蓬勃，但整體看來，台灣微型創業有幾個現象：

同質性較高。複製或模仿別人的成功，門檻最低，風險最小，因此微型創業中一窩蜂現象特別嚴重，無論夜市文化、烘焙熱潮、個性民宿，往往急速擴張到供給大於需求。這個時候，價格下滑，品質下降，信譽低落，從業者無利可圖，也就失去了進步的動力。

B2B 的微型企業過於稀少。B2C 直接面對零售客戶，不受制於少數商業客戶，可以靠直覺創業，但因為具有相當高的時尚特性，因此也很容易隨著潮流衰退而遭受淘汰。B2B 需要較高的專業，較長的育成期，起步較為艱難，但是一旦站穩腳步後，進可攻退可守。這種 B2B 的微型企業常成為大中小各型企業的忠實夥伴，在整體價值鏈上，是不可缺失的一環。

附加價值較低，這是以上兩個現象的必然結果。理想的微型企業還是需要具有特色，提供他人難以取代的價值，才能長久經營。台灣的零售業多，小吃店充斥，文創偏向小清新，附加價值低既是因，也是果。

校長兼工友的工作守則

微型企業也是企業，只是規模較小，平均生命週期較短，但許多經營原則相同。一般而言，第三年是一個微型企業重要的關卡，創業疲乏、客戶新鮮感消退、未來何去何從，這些警號常在這時候出現。

因此警覺性較高的微型企業經營者，會在創業一開始便謹守幾個簡單的原則：

做自己真正喜愛、擅長的事。有些業務雖然可以賺點錢，但自己不擅長，放棄並不可惜。有些業務必須做，而自己不喜歡的，也不妨考慮外包（例如做帳）。

清楚的帳目是大部份微型企業最容易忽視的工作，一則沒時間，一則擔心資訊外洩。但是如果不能每個月知道賺賠多少、成本和費用的分佈，只掌握現金流，如何能夠在關鍵問題上做出適當的經營決策呢？

創業者的私人領域與微型企業重疊而難以區隔。創業者很容易投入百分之百的心力在自己一手創辦的事業上，有時甚至家庭成員也全體參與，雖然這常是創業成功的基礎，但也可能造成家庭或人事問題，最後限制了企業未來的發展。創辦者不支薪資，私人費用與企業費用混淆不清，都是微型企業常見的現象，使得經營績效難以透明。

創業者自己從校長做到工友，前場後場忙得團團轉，結果斷絕了與外界的聯繫。其實現代社會瞬息萬變，市場趨勢與科技日新月異，這既是危機也是生機。創業者要有好朋友，尤其是多聞和直言的益友，才能保持通暢的資訊管道。

無論是較有爆發潛力的科技創業，或是不求急速成長的微型創業，都需要良好的生態環境。只是通常前者得到關愛的眼神多，而後者少。從政策、資金到創業輔導，台灣微型創業的生態有許多改善的空間，但在微型創業這個議題上，中央政府出力的效果恐怕不如地方政府，地方政府的力道又不如提高微型創業者的素質來得重要。

如果創意能提升，經營技能能累積，微型創業能在台灣滿地開花，相信台灣的經濟發展會更有草根性，更有活力。

{讀後想像}

★ 為什麼台灣微型創業以餐飲及零售居多，經營模式同質性高，創業三年後仍持續經營者不多？

★ 雖然微型創業表面上可以減少失業及扶持弱勢群體就業，但一般創業的陣亡率非常高，尤其是弱勢人群一般最忌的就是風險，這種先天的矛盾有辦法解決嗎？

★ 由於成本及人力限制，微型創業往往非常難走向如文章所說的幾個工作守則。那麼微型創業者應當如何在兼顧成本的同時，維持這些工作守則問題呢？

07.

創業引擎——四缸、六缸或八缸

用引擎作為比喻，
台灣目前擁有的是一具四缸引擎，堪用，但馬力有限，
中國已經打造出了六缸引擎，而且仍在快速進步中，
美國則穩居科技大國之首，以八缸的創新創業引擎傲視群雄。

2013 年有兩個併購的消息，在台灣關心創新創業的圈子裡頗受到矚目。一個是黃耀文、耀明兄弟創辦的阿碼公司被 Proofpoint 以 2500 萬美金收購，另一個是清華大學團隊的 Gogolook，成立才兩年，就被 LINE 的母公司以將近 1800 萬美金的價格納為旗下。

這兩樁併購案雖然為投資人帶來不同的投資報酬率，但都是成功的創業案例，值得創業者和投資人慶賀。但在慶賀同時，如果讀到《經濟學人》關於全球創新創業風潮十六頁的特別報導，尤其是其中一篇文章介紹新加坡 Block 71 一棟七層樓裡有一百家新創公司，另一篇文章號稱深圳已經成為全世界最佳的硬體創業城市，不免讀來令人觸目驚心，發現這兩樁被台灣媒體稱為「捷報傳來」的併購消息不過是台灣慣有的小確幸而已。

台灣的創新創業生態

這幾年台灣創新創業的風氣和環境確實有可觀的進步，但在這場國際競賽上，我們距離跑在前面的國家是否越來越近？距離跑在後面的是否越來越遠？這才是關鍵問題。

看我們有什麼，總是令人鼓舞，生起信心，看我們沒有什麼，難免令人氣餒，但也許可以心生激勵。台灣的創新創業引擎在過去十五年，從減速到怠速，過去五年，緩慢重新啟動，而且似乎正在加速之中。例如各種創業次團體紛紛成立，國科會大費周章每年舉辦百人以上的創新創業魔鬼訓練營隊，國發會五年十億補助新創公司研發經費，這些都是可喜的正向發展。

創新創業的生態系裡，最重要的三個成分是：人才、技術、資金。台灣在這三個條件上長短不一，但究竟曾經名列亞洲四小龍，還有些厚實的底子。現代國際經濟以增加競爭力為主軸，政府對創新創業的政策支持力度是創業生態系不可或缺的第四個成份，台灣雖然本質和實質都偏向於弱政府，難有大刀闊斧的作為，但政府對創新創業基本友善，許多相關政策也陸續出爐。

因此台灣對於創新創業的四個基本條件——人才、技術、資金，及政策，大致具備。但若來到國際舞台上較量，別的國家不談，美國與中國跟台灣的經濟關係最為密切，仔細觀察這兩個國家的創新創業條件，自然是美國最為完善，但中國也急起直追，似乎已經比台灣超前。用引擎作為比喻，台灣目前擁有的是一具四缸引擎，堪用，但馬力有限，中國已經打造出了六缸引擎，而且仍在快速進步中，美國則穩居科技大國之首，以八缸的創新創業引擎傲視群雄。

中國比台灣強在哪裡？依我個人的觀察，市場和經驗是中國創業六缸引擎較台灣多出來的兩缸。

看中國創業經驗的擴散

市場似乎是一個客觀條件，中國人口是台灣 60 倍，面積 260 倍。市場廣大，讓中國新創公司有個一顯身手的大舞台，同一個創意乘上大陸的人口基數，能夠呈現的價值便可能是台灣的 60 倍。這 60 倍的差距，是創投是否願意投資的關鍵，也是公司賴以累積資源的腹地。這樣的優勢使得中國聯想集團可以在過年前趕辦年貨，一週內連續從

IBM 收購低端伺服器業務，自谷歌手中買下進軍歐美手機市場的門票，也讓人預測五年之間，阿里巴巴的市值將超過亞馬遜。

但是市場也是一種主觀企圖，創業者必須重視對市場規模的敏感度。對某些創業者，台灣也許是大池，對另外一些創業者，在小池子裡做一條自由自在的小魚也能自得其樂，還有一群創業者，如果自認非池中之物，便應該早早規劃如何走向世界。這三類的創業者不必分個高下，都能聚沙成塔，從不同的角度為台灣的經濟做出貢獻，怕的是目標、能力、資源、與期望值不相匹配，反而期望落空，造成空轉。

大魚可以找大池，市場規模雖然是一個客觀因素，卻不必是限制條件。新加坡人口只有台灣的 1/4，以色列是台灣的 1/3，荷蘭也只有 70%，本國市場雖小，反而能夠以全球市場為腹地，這些國家創新創業的視野有許多值得台灣借鏡的地方。

其次是經驗。要說中國創業的經驗比台灣豐富，似乎違反一般認識，我這裡特別強調的是創業者間的經驗傳承和擴散。中國具有眾多互聯網時勢下造成的創業英雄，少年得志，精力正盛，理想猶存。例如 360 的周鴻禕（創辦的 3721 賣給雅虎），優酷的古永鏘（原搜狐首席營運長），都是二次創業，一次比一次成功。還有不少人由高管轉為創投，成為投資界的教父，像是紅杉資本的沈南鵬（攜程的創辦人及財務長），DCM 創投的林欣禾（原新浪網 COO）。再加上一群活躍的天使投資人，例如小米的雷軍，以買賣域名起家的蔡文勝，谷歌的早期員工周哲等等。這一幫人既有經驗，又擁有資源，既相互插花，又彼此較勁，既是許多創意的源頭，也提供創業需要的活水。

反觀台灣，早期 PC 時代第一代的創業者多仍老驥伏櫪，為企業轉型嘔心瀝血，無暇顧及其他。互聯網世代少數的成功範例，如奇摩、無名小站、Monday，創業者累積的資本有限，難以成群結黨，帶動風潮。最可惜的是不少成功的創業者，以及眾多中高階層的管理者累積了足夠的個人財富，見好即收，趁著年壯力富，早早享受起人生。

因此台灣創新創業的經驗既缺乏縱向的傳承，也少有橫向的擴散，新一代的創業者只好獨自摸索，四處尋覓資源，更難在市場上有所企圖。這種先天不足後天失調的景況，是台灣面對大陸蓬勃的創新創業現象必要的警覺。

美國：創意，與眾不同

如果將美國引進對照組，人才、技術、資金、政策、市場、經驗這六項條件，美國不但具備，而且更為充分完善，但是美國的創新創業的動能之所以鶴立雞群，八缸引擎的另外兩缸，可以說是它獨特的創意和不怕失敗的文化。

分析中西創業者的創業動機，中國或台灣仍以快速致富的心理為多，美國的創業者則追求成就，想要改變世界，所謂 make a difference 好像是一個口號，喊多了也帶著幾分認真。動機之不同，對於創意的品質便造成明顯的高下。追求快富就要尋找捷徑，捷徑中抄襲距離最短，改善其次，創業者的心態比較像買辦，或搬有運無的商人。

美國的創業者則更像藝術家，藝術家不但不屑於抄襲別人的作品，甚至不願重複自己過去的傑作，因此無論創業者或投資人，總在追求與眾不同、能夠持續的原生創意。這是美國，尤其是矽谷，創意能夠源源不斷的青春之泉。看到美國有些新穎而簡單的創意，卻能為創業者和投資人創造可觀的市值，有人羨慕，有人憤憤不平，有人不以為然，但更值得反省的是：這麼簡單的創意，為什麼我沒有想到？

文化的因素更為抽象。世界各地文化各有特色，不需定於一尊，但各大城市也在努力複製矽谷在創新創業上的成功經驗。創業方法論可以學習，創業生態圈可以逐步發展，創新文化卻是移風易俗的人心工程，不是一朝一夕可以成就的。

依個人觀察，矽谷文化中特別有利於創新創業的成分，除了多元和開放這兩個基本元素外，還有幾個重要的成分，像是不以成敗論英雄的人才觀，不以金錢計長短的價值觀，以人為本、放眼未來的世界觀等等。台灣施行民主多年，民眾素養平均，在文化層面上要能追趕上美國，應該比中國容易，但絕對不可忽視它後起急追的勁道。

無論四缸、六缸或八缸，當然都是相對的比較，而不是絕對的論斷，本文的各個論點，其實都圍繞著這篇文章前面提出的問題：在這場國際創新創業的競賽裡，台灣跟領先國家的距離是否拉近？跟落後國家的距離是否拉遠？

你覺得呢？

{讀後想像}

★ 台灣其實也出現了不少創意群聚，這些群聚豐富了創業者間的橫向擴散，長久經營自然會產生縱向傳承，可以在這些群聚裡找到創業的點子嗎？還是這是另外一種社交場所？

★ 要培養創業的文化，送團隊到矽谷，或是邀請團隊到台灣，那一種更有效？

★ 如果我想創業，應該先在台灣找錢，還是到中國？還是矽谷？

08.

從中國製造到中國發明

在運動場上，無關勝負，了解對手、尊敬對手是第一守則。
台灣和中國在商業上的競合關係，也應該做如是觀、如是經營。
因此我們在瀏覽《哈佛商業評論》、Techcrunch 之餘，
是否也應該看看《財經》、《經濟觀察網》，或是《創業邦》呢？

2014 年 9 月 19 日，兩個完全不相干的新聞佔據了主要媒體的網站首頁。

蘇格蘭獨立公投結果揭曉，選民以 10% 的差距，選擇蘇格蘭仍然留在大英聯合王國，維持了 307 年的傳統。

另一則新聞是阿里巴巴正式在紐約證交所掛牌，交易首日股票瘋漲了 38%。這次阿里巴巴在美國高規格上市，募款金額高達 218 億美金，創下了美國首次公開發行的紀錄，造就了中國的新首富馬雲，也讓阿里巴巴在西方世界首度顏見世，正式將中國企業推向了世界舞台。

阿里巴巴上市後，全世界十大互聯網公司名單上中國佔了四席，分別是阿里巴巴（第二名），騰訊（第五名），百度（第六名），以及京東（第十名）。不難想像這些中國公司的排名在未來五年裡，只有前進，難以後退。

這些中國互聯網公司的成功，自然必須歸功於兩個主要因素：首先是中國的廣大市場與快速成長的人均所得，其次是中國政府建立的企業競爭環境明顯偏袒本國公司。

中國現象的企業內在因素

但是如果我們只注意這些外在因素，而低估了中國公司的經營績效、經營者的眼光與決策品質、組織和制度的不斷創新，我們便可能誤判這些公司未來的發展潛力。

事實上，許多美國的專家學者已經在分析，中國總體經濟發展的耀眼成績中，個體企業本身的努力所作出的貢獻。最近麻省理工《史龍管理評論》、哈佛大學《哈佛商業評論》、以及《經濟學人》不約而同對中國式的管理制度作出了專題。

跟西方公司比較，中國模式有幾個明顯的特色，例如：

一、中國公司經常把研發及設計部門緊貼在製造部門旁邊，兩個部門的權責沒有明顯的劃分。製造部門的問題，就是工程部門的問題，工程部門的新想法，可以很快到製造部門進行驗證。而一般西方公司這兩個部門通常歸屬於兩位不同的資深副總負責，各具一方，管工程的只看未來，眼中沒有現在，管製造的只看現在，不關心未來。

二、雖然薪資不斷飛漲，中國公司仍然大量僱用許多中層的經理，固然增加了人事成本，但是這些中級幹部長期待在現場，問題發生時馬上解決，因而產生許多微量改善的創意。相對之下，美國公司精簡人事，二十年來不斷採取外包的方式，維持高層管理的頂層結構，卻以縮小了中低層編制來減少公司固定人事成本。結果腰圍是瘦了下來，但也喪失了許多現場發掘、解決、改善問題的機會。

三、中國公司對於科技創新有明顯的企圖心和急迫感，從早期的逆向開發（reverse engineering），到現在的購入技術授權，甚至於以併購公司的方式取得先進技術，中國公司已經逐漸脫離早年一味抄襲的技術開發模式。而許多西方公司長期居於技術領先地位，還保有 NIH（Not Invented Here）的心態，總是寧願自行開發，不肖於向外部取經。

四、中國公司擁有明確、難以動搖的領導中心，由上而下的指令有如聖旨，不但不能違抗，更要動員一切資源全力完成。在這樣垂直的壓力下，水平的組織就變成非常有彈性，部門之間往往必須卸下一切隔閡，通力合作，以達成任務為最終目標。這跟西方公司流行的網路型組織顯然有很大的差異，反倒較為接近賈伯斯在世時的蘋果電腦。賈伯斯的意志不止貫穿到蘋果內部，還能通達在產業鏈的上下游（不過蘋果嚴格防範部門間互通訊息卻是業界少見）。

所謂特色，不一定全是優點，雖然有正面的功用，但在不同的時空條件下，也可能成為跨過下一個門檻的障礙。現在中國產業發展的進程，類似當年亨利福特或通用汽車的史龍時代，工業化正方興未艾，知識經濟才剛起頭，眼前特色的相對優勢，未來也許會逐漸降低。

但這些優勢大概不會完全消失，因為美國所經歷過的產業空洞化，在中國不會發生。中國幅員廣大，人口眾多，沿海與內陸國民所得差距懸殊，即使外商或台商的製造業離開中國，中國公司一定乘虛而入，維持世界製造工廠的頭銜。

從製造到發明的距離

是否有一天，中國製造終於會進化到中國發明？揣度當下的局面，至少有幾個條件對這個趨勢有利。

第一，許多中國一流公司都是非常賺錢的企業（做假賬的公司雖然不少，但是能繼續存活的公司終將漂白，學會規規矩矩做生意），例如阿里巴巴2014會計年度（至2014年3月31日）營業額為86億美元，淨利卻高達 37 億，相對於它的對手亞馬遜，營業額雖高（因為亞馬遜包括販賣商品的售價，阿里巴巴的營業額僅含手續佣金），多年來卻始終停留在小賺大賠的局面。

其他騰訊以及百度狀況類似，都是財務表現優異的公司。而這些公司在中國的市佔率都比美國相對應的公司在美國的市佔率為高（例如谷歌市佔率為 68%，百度卻高達 79%），不僅獨占，還有政府撐腰，沒有反托拉斯的顧忌。

絕對的獨占代表絕對的利潤，這些賺錢的公司有如有隻金母雞，不斷生下金雞蛋，在這種環境下，任何 CEO 都會大量投入創新，以免有一天金母雞被黃鼠狼叼走。

其次，中國企業家的年齡佔有優勢。馬雲 1964 年次，李彥宏 1968 年次，馬化騰 1971 年次，這三位 BAT（百度、阿里巴巴、騰訊）的 CEO 都還年富力盛，頂得過兩次景氣循環。最近十年，許多 80 後加入創業行列，不少人已經開始頭角崢嶸。再加上深圳舉辦的 Maker Faire，北京的 Techcrunch 與賽者，或者是北京車庫咖啡的常客，中國的創業大軍一波一波，他們既有狼的忍耐，也有狼的企圖，源源不斷帶來了充沛的創新能量。

最後則是這些創業者、企業家獨特的使命感。創業第一代的魅力不出於展現經營能力，而來自開疆闢土的勳績。這些人站在中國正在大國崛起的浪頭上，除了顧盼自雄，也不免生起面對時代的歷史感。

正如海爾家電創辦人張瑞敏有一天讀《華爾街日報》，文章說到海爾不過是小池塘中的大魚，由此幡然醒悟，開始改造海爾的池塘情結（如果中國是小池塘，台灣呢？），將海爾集團從中國、到國際，進一步推進到全球。

又如百度在 2014 年 5 月宣布投資三億美金，在矽谷成立人工智慧部門，由美國 AI 金童吳恩達（Andrew Ng）領軍，隨後又在 9 月初宣布，自微軟挖來亞太研發總裁張亞勤，擔任新事業群總裁。這些重量級人事資源的佈局都在宣示，百度即將展開新一波的創新攻勢。

基於以上幾個原因，再加上國家政策的推波助瀾（例如中國政府為了刺激半導體產業急起直追，宣布至 2020 年止，共將投資五百億美金擴建產能和加強設計能力），中國發明才是更讓人關心的未來趨勢。

制度創新是一支秘密武器

所謂發明，技術或產品的創新還是形而下，真正形而上、具有槓桿效果的是制度創新。中國企業家因為經營環境多變，競爭激烈，個個培養出阿米巴蟲般的適應功夫（適應便是創新），再加上國內市場廣大，品牌經營策略相對重要，對於企業價值的認識格局較為寬廣。第一代的創業者如海爾的張瑞敏、聯想的柳傳志、楊元慶、海底撈火鍋的張勇，甚至於娃哈哈瓶裝水的宗慶后，對於制度創新都念茲在茲，各有其獨創的想法和做法。

台灣的產業結構跟大陸較為類似（也因此未來面臨的挑戰將越來越多），但是在管理思維上一向對西方制度較為熟悉，反倒對鄰近的中國十分隔閡。台灣的大中小型企業或甚至於新創公司，無論視大陸為市場、資源提供者或競爭對手，未來都無法避免在中國崛起的旋風中被裙風掃到，那麼台灣的創業者，應該如何面對中國現象呢？

以中國為市場的創業者，不可忽略這個市場多變、難測的特質，也不必因此而畏縮不前。

以中國為資源提供者的創業者，最好有埋鍋造飯的長期準備，以降低短期的試錯成本。

以中國為競爭對手的創業者，不該輕敵，如果能夠避免正向碰撞，繞點路也無妨，有自己獨特的價值才能長久。

在運動場上，無關勝負，了解對手、尊敬對手是第一守則。台灣和中國在商業上的競合關係，也應該做如是觀、如是經營。因此我們在瀏覽《哈佛商業評論》、Techcrunch 之餘，是否也應該看看《財經》、《經濟觀察網》，或是《創業邦》呢？

{讀後想像}

★ 文章中所提到的中國模式，在台灣可行嗎？權威型組織與參與性組織應當如何揚長避短？

★ 台灣很多聲音一直從政治到經濟都把中國大陸視為「敵對」關係，而無論從全球化的視角還是競爭趨勢上看，合作似乎是不可避免的。跟大陸合作，有創造共贏的機會嗎？

★ 要讓年輕的創業者蓬勃發展，首先是前一代的企業家願意讓出給年輕人發展的空間，並且利用優勢資源，扶持他們成長。而台灣在十年間似乎並未見有多少年輕企業家成長起來，到底是年輕人沒有創業動力，還是環境不給他們支持？

09.

經濟小國，如何打造品牌？

品牌想要訴諸感性便需跟文化絲絲相扣，
特別是跟個人消費者食衣住行育樂有關的產品。
但工業用途的產品便對各地的文化差異性較不敏感，
反倒是專業、領域知識與權威較為重要，
通常需要較長的時間累積客戶的信賴。

運動中物體的動能，跟它的質量成正比。這是為什麼小客車千萬不能被大卡車撞上，再兇猛的獅子也不喜歡以大象、河馬、犀牛為獵食對象。

經濟體的質量便是人口。台灣人口在全世界國家位居第 55 名，GDP 居 26 名，排名在台灣之前的 25 個國家，只有荷蘭、瑞士、瑞典、比利時人口比台灣少，其他的 19 個國家都比台灣多，澳大利亞則與台灣相當。一般人印象中比台灣貧窮落後的幾個國家，像是印度、印尼、墨西哥、土耳其、奈及利亞，因為人口眾多，GDP 排名其實都在台灣之前。

如果以台灣的 GDP 和人口的基數為一個單位，下表顯示各個國家 GDP 以及人口跟台灣相比的倍數關係：

國家	GDP / 台灣	人口 / 台灣
美國	32.8	13.7
中國	19.6	58.5
日本	8.7	5.4
德國	7.3	3.5
英國	5.6	2.8
法國	5.4	2.9
巴西	4.4	8.8
義大利	4.1	2.6
印度	3.9	54.7
俄國	3.5	6.2
加拿大	3.4	1.5
澳大利亞	2.7	1
南韓	2.7	2.2
西班牙	2.7	2
墨西哥	2.4	5.2
印尼	1.7	11
荷蘭	1.7	0.7
土耳其	1.5	3.3

國家	GDP / 台灣	人口 / 台灣
沙烏地阿拉伯	1.4	1.4
瑞士	1.3	0.4
奈及利亞	1.1	8
瑞典	1.1	0.4
波蘭	1	1.6
阿根廷	1	1.9
比利時	1	0.5
台灣	1	1
世界	145.9	311

GDP 排名第一、第二的美國和中國，加起來的人口是台灣的 72 倍，GDP 是台灣的 52 倍。美國是經濟大國，一部份的原因是美國的人口數也高居世界第 3。中國雖然 GDP 排名第 2，但因為是人口大國，人口基數是美國 4 倍之高，加上近年經濟成長快，不出 20 年，GDP 大概會超越美國。真正的經濟大國，都必須擁有廣大人口的腹地，這也是印度未來的發展受人矚目的原因。

小國台灣的生存之道

跟中美兩個國家相較，台灣既是人口小國，也是經濟小國。小國有小國的生存發展之道，但顯然跟大國十分不同。然而由於資訊傳遞不對稱，台灣當下許多產業及企業發展策略的思考和辯證，多沿襲大國思維，不一定適合台灣的經濟體質以及資源條件。例如台灣朝野在過去十年對於建立品牌有許多期待，某些企業並且視之為創造企業價值的關鍵策略，這樣的想法現在看來十分值得商榷。

根據英國著名行銷顧問公司 Interbrand 的分析，2014 年度台灣前二十大品牌的排名及市場價值有如下表：

公司	品牌	產品	B2B / B2C	市場	品牌價值
華碩	**Asus**	電腦、手機	**B2C**	全球	**US$1,723M**
趨勢科技	**Trend Micro**	防毒軟體	**B2C**	全球	**US$1,254M**
旺旺	**Want Want**	食品	**B2C**	中國	**US$1,055M**
宏達電	**HTC**	手機	**B2C**	全球	**US$705M**
宏碁	**Acer**	電腦	**B2C**	全球	**US$677M**
捷安特	**Giant**	自行車	**B2C**	全球	**US$422M**
正新橡膠	**Maxxis**	輪胎	**B2C**	全球	**US$367M**
美利達	**Merida**	自行車	**B2C**	全球	**US$347M**
聯強	**Synnex**	電腦通訊	**B2B**	全球	**US$345M**
研華	**Advantech**	工業電腦	**B2B**	全球	**US$323M**
85 度 C	**85 度 C**	餐飲	**B2C**	台灣中國	**US$287M**
中租迪和	**Chailease**	租賃	**B2B**	全球	**US$188M**

公司	品牌	產品	B2B / B2C	市場	品牌價值
台達	**Delta**	電源、資訊與通信科技	**B2B / B2C**	全球	**US$170M**
統一	**Uni-President**	便利商店	**B2C**	台灣	**US$167M**
創見資訊	**Treanscend**	電腦儲存裝置	**B2B / B2C**	全球	**US$142M**
喬山健康科技	**Johnson**	健康器材	**B2C**	全球	**US$141M**
友訊科技	**D-Link**	網路產品	**B2B / B2C**	全球	**US$138M**
訊連科技	**Cyberlink**	影音軟體	**B2B / B2C**	全球	**US$98M**
王品	**Wowprime**	餐飲	**B2C**	台灣	**US$93M**
合勤科技	**Zyxel**	網路產品	**B2B / B2C**	全球	**US$86M**

拜台灣資訊與通信科技產業之賜，這二十家公司中有十一家屬於電腦科技產業，三家食品餐飲，兩家自行車。電腦科技無國界，因此這十一家公司全部面向全球市場，並且兼顧 B2B 與 B2C 兩種渠道。

但是兩家以 B2C 為主的品牌：宏碁與宏達電，卻在近幾年摔了一大跤，宏達電市值已經接近現金水位，品牌價值等於零，宏碁股價也從 2012 年最高點 45 元，一路下滑到 2014 年的 12 元。相形之下，B2B 導向的公司業績和股價的波動反而較小。

一方面 OEM 業務進入微利時代，另一方面受到宏碁施振榮先生微笑曲線的啟發，十餘年前許多公司開始自創品牌，雖然不少招牌也曾經風光一時半載，但最終都不免後繼乏力，逐漸一一淡出聚光燈之外。

於是有人說人口低於 5 千萬以下的國家不適合發展全球品牌。這話也對，品牌當然跟人口基數有關係，擁有龐大的國內市場是品牌的先天優勢，特別是針對 B2C 的市場。不過難道人口只有 2300 萬的台灣就絕對不能經營品牌嗎？或者更應該問的問題是：做為一個人口和經濟小國，台灣應該如何經營品牌？

品牌的價值來自於客戶的忠誠，他們不但心甘情願地掏出自己的信用卡，以消費的行為來宣誓自己的忠誠，更積極地口耳相傳，成為無酬庸、無任所的代言人。除此之外，品牌的選擇也是消費者無言的宣告，向周遭人暗示消費者的品味、財富或地位。

感性訴求與理性訴求的領域差異

品牌要能贏得客戶如此的忠誠，必然需要訴諸於細膩的感性，其餘的產品性能、規格、品質等各種理性訴求固然重要，但是如果不能打動人心，便無法在情感層次上建立跟品牌產生斬之不斷的連結（即使是「無印良品」，雖然號稱無印，其實還是用無印所意涵的感性訴求來建立有印的實質目的）。

某類產品感性訴求因素較強，奢侈品如香水、化妝品、珠寶、裝飾，它們的價值難以用理性傳遞，品牌是購買的決定因素；相形之下民生用品如洗潔精、洗碗機、烘乾機等的購買決定便多了一些理性。或者以汽車與電腦為例，購買汽車的人經常先決定品牌，再決定車型；但是想買電腦的人可能先決定是否購買 Wintel 或蘋果，如果是 Wintel，再比較性價比，然後才決定品牌。

檢查上表中台灣前二十大品牌，特別是資訊與通信科技產品，顯然多是較為訴諸理性的產品，無需太多感性，因此品牌忠誠度有限，容易被替換，這是台灣資訊與通信科技品牌的困境之一。

然而品牌想要訴諸感性便需跟文化絲絲相扣，從品牌的名稱、顏色、字型、到企業識別系統（Corporate Identity System）都有許多考究。特別是跟個人消費者食衣住行育樂有關的產品，往往必須考慮各種不同文化的最大公約數，才能在全球市場建立一致的品牌形象。但工業用途的產品便對各地的文化差異性較不敏感，反倒是專業、領域知識與權威較為重要，通常需要較長的時間累積客戶的信賴。

研華和宏碁的對比便是一個現成的例子。研華是台灣工業電腦的翹楚，毛利將近 40%，營業額穩定成長，宏碁的品牌形象則隨著業績暴起暴跌，毛利也隨之不斷滑低。

B2C 面對的客戶數目龐大，而且多是個人，經常發生衝動式購買行為，自然感性成份比理性為多，品牌相形重要。而 B2B 的客戶多為企業，數目遠少於B2C，決策時間長，通常還必須遵循一定的採購程序，因此理性成份增加許多，品牌不一定是決定因素。台灣長期的經濟發展多半靠B2B打下的基礎，毛利雖然可能較薄（其實也不一定，例如台積電和大立光毛利都在45%以上），卻避免了B2C的大起大落，這是經營品牌應該考慮的因素之一。

安迪．沃荷曾經說過一句名言：未來每一個人都能享譽全球十五分鐘。在互聯網、社群媒體以及群眾智慧的推波助瀾下，這句話一點不假，甚至於還沒上市的產品都能在Kickstarter賣出一千萬美金（如Pebble Technology的智慧手錶）。然而成名容易持久難，一炮而紅可以靠運氣，再接再厲絕對要靠本事。

例如宏達電品牌聲勢曾經如日中天，自從小米崛起後便一路下滑，可是小米風光才一年多，華為手機便四處攻城掠地，成為中國智慧手機的新武林盟主。因此建立品牌有如逆水行舟，不進則退，光靠砸銀子打廣告不能持久。

品牌危機處理很重要

建立品牌長久的信譽有兩個條件不能少，一是不斷創新，二是避免負面形象。

除了可口可樂或香奈兒五號香水之類少數的產品可以維持五十年不變，其他的產品都必須日新月異，持續不斷的創新，在競爭者還沒把自己打敗之前，自己先用新產品淘汰自己的舊產品。這是確保品牌長新唯一的方法，一旦落在競爭者之後想要追趕，便需要花費加倍的氣力。

好事不出門，壞事傳千里，負面的名聲永遠比正面的名聲傳遞的快。正面評價大家不一定相信，負面評價卻少有人懷疑，若對負面消息處理不當，辛苦建立的品牌形象可能在一夕之間付諸流水。因此所有經營品牌的公司在客戶服務上絕不敢怠慢，還設有反應敏捷的危機處理機制，在星星之火開始燎原之前便趕緊撲滅。

既要投資創新，又要投資客服，最後還要能夠賺錢，產品的毛利通常必須在 30-40% 以上。毛利高不能只靠壓低成本，更重要的是有本領提高售價，還要讓客戶感受到價值，然後認同品牌，這是建立品牌的正向循環。反之，一味降低成本、殺價競爭，毛利滑落，無法提供適當的客服，創新難以為繼，品牌的形象當然只有江河日下。

因此對台灣這樣的經濟小國而言，也許暫時不必奢求打造世人皆知的全球品牌，如果能夠充分認識：

- B2B 比 B2C 持久。

- 工業產品不像消費產品那麼追求難以掌握的時尚。
- 利基產品不至於像兵家必爭的主流產品一片紅海。

然後集中心力，不斷創新，建立一流客服的口碑，貫徹哈佛大學教授李維特（Theodore Levitt）的忠告：「長期的成功，來自於持續專注在正確的事物上，每天在一些不起眼的小地方做出改進。」成為小而美的隱形冠軍，打造出不為一般人所知、行家卻為之傾倒的品牌，有何不可？

{讀後想像}

★ 成功的 B2C 與 B2B 品牌具有何種不同的特質與條件？若從這些特質與條件來分析，經濟小國適合打造何種品牌？

★ 曾經享譽全球的台灣品牌，例如：HTC、Acer，都在步上高峰後後繼乏力，這些品牌犯了什麼錯才導致今天的結果？

★ 瑞典人口不到一千萬，僅佔全球 0.15%，比台灣還少，但卻擁有 Volvo、Absolut Vodka、IKEA、H&M 等世界知名品牌，從瑞典的經驗來看，小國打造品牌的成功之道為何？

10.

企業大即是美？

**如果經濟規模不斷擴大，總有一天會超過本地產業生態圈所能負荷。
一如二十隻左右的獅群，
大約需要兩百五十平方公里的生態才能維持生存所需。
如果有人將獅子在佔地十六平方公里的郡立公園放生，
它會很快將其他動物吃光，然後餓死，就算僥倖不死，也無法繁殖。**

我家附近的郡立公園佔地十六平方公里，山裡有不少野生動物，野火雞、鹿、小狼、山貓，聽說偶爾還有山獅現蹤，但從來沒見過。如果到了黃石國家公園，面積大了不只五百倍，各種小動物不說，還常見野牛成群，麋鹿當道，黑熊不時在露營區出沒，覓尋人類的食物。但是真正要看野生動物還是要到非洲，獅虎豹狼，大象斑馬長頸鹿，在那兒一應俱全。

一方土養一方人，生物的種類、大小、數量跟生態圈息息相關。一個國家的產業也是一個生態圈，它跟生物生態圈不盡相同，比較不受地理疆域的限制，但是無論與供應商、合作夥伴、客戶的上下游關係，或是人力資源和資金的取得，總是脫離不了地緣的密切關係。

除了街角的雜貨鋪和小吃店之外，現代企業都面臨成長的壓力，營業額、利潤年年都要挑戰新高，經營策略和管理制度也得因應調整，員工人數自然隨著業績成長，到了一定規模之後，必然面臨自身所處的產業生態圈的天塹。

與其他人口大國相較，像台灣這樣一個人口和經濟小國，企業在成長的過程中，更容易面臨產業生態圈的侷限，想要超越，首先需要瞭解和面對。

經濟規模越大，單位成本越低

經濟規模是經營者日夜縈繞心頭的課題。開發一項產品的研發費用，如果能銷售兩百萬件成品，研發成本是銷售一百萬件的一半。公司員工從一百人成長到一千人，管理團隊不需成長十倍。因此經濟規模一向是企業追求競爭力的重要手段，規模越大，單位成本越低。尤其在市場成長期間，經濟規模、成本、銷售數量、利潤，往往形成一個良性循環。

但是如果規模不斷擴大，總有一天會超過本地產業生態圈（包括市場）所能負荷。一如非洲的獅子，20 隻左右的獅群大約需要 250 平方公里的生態才能維持生存所需。相較之下，我家附近的郡立公園面積不到 1/10，如果有人將獅子在這裡放生，它會很快將其他動物吃光，然後餓死，就算僥倖不死，也無法繁殖。

打開行銷顧問公司 Interbrand 編製的 2015 年全球前百大名單，前十名中，豐田汽車居第六名，三星第七，其他全是美國公司。如果觀察前二十五名的名單，多了本田汽車，以及 BMW、Mercedez-Benz、Louis Vuitton、H&M 等四家歐洲品牌。可見能在全球市場揚名立萬的企業，都必須以廣大的經濟生態圈為腹地，並且擁有悠久的企業歷史。中國大陸雖然人均收入不高，但人口眾多，加之近年經濟發展快速，原本在百大品牌中只有華為一家企業，2015 年 Lenovo 吊車尾，成為第一百名。

看看韓國的經濟生態

值得留意的是這一百名中，人口只有台灣兩倍多一點的韓國，居然有三星和現代兩家公司上榜，而且三星還高居第七，這難道不值得台灣有為者亦若是，起而效尤嗎？

只是韓國的經濟體系是一個罕見、畸形的生態圈。由於在經濟起飛早期，韓國政府便刻意扶植大型企業，多年來前十大企業銷售總額一向佔全國 GDP 八成左右，光是三星集團便佔了 22%，排名第二的現代集團也有 13% 的份額。如此大規模的集團企業雖然在國際上增加不少競爭力，但在國內卻造成許多問題。

問題之一是超重量企業集團排擠了中小企業生存的空間，造成了扭曲的生態圈，降低對景氣循環或產業變遷的因應能力，其次是創新能量不足，難以帶動下一波經濟成長的動力。最後則是因為政策過度遷就集團企業，往往引發社會抗爭。

因此扶植中小企業一向都是近年來韓國的國家政策，也是現任總統朴槿惠當年的主要競選政見之一。

追求規模過頭，可能變成河馬

中小企業本來是台灣的強項，然而由於台灣企業擅長效率創新，追求經濟規模是最常用的競爭手段，因此在過去 30 年，集團企業佔台灣全國 GDP 比重越來越高，前十大企業在 1980 年僅佔 8.2%，2010 年已經高達 60%（前十大依序是鴻海、廣達、仁寶、台塑、中油、緯創、奇美、友達、台積電、英業達，其中 8 家屬於 IT 產業）。這些集團企業財務表現都算優異，然而最大的危機是 IT 產業不再快速成長，甚至

PC 產業還在萎縮之中，除了繼續從事紅海式的競爭，如何還能維持成長？雖然人人都知道台灣產業迫切需要轉型，但是一艘航空母艦要在台灣這個小海港裡調頭，實在不是一件簡單的任務。

不斷追求經濟規模，總有一天一家企業便會變成河馬，只對單調、大量的草食有興趣，而一般創新從 0 到 1 的過程，有如山珍海味，再好吃也只能塞塞牙縫，提不起河馬的胃口。這不只是台灣的困境，也是所有大型企業的挑戰。

資本主義先進國家的大型企業都經歷過這種從小變大，不得不轉型，然後分拆、由大變小的過程。例如 HP 在 1999 拆出 Agilent，2002 合併 Compaq，2015 年又一分為二，變成兩家上市公司：HP Inc. 以及 Hewlett Packard Enterprise。其他如 Dell、Philips、IBM 都有類似的軌跡，合久必分、分久必合，先是擴大經濟規模，接著重新定義核心價值，最後因為外在生態環境改變而不得不作出應變。

甚至於谷歌在 2015 年重組，成立 Alphabet 控股公司，下轄谷歌及其他幾家公司，以便未來兄弟登山各自努力，這顯然是未雨綢繆，為將來進一步分拆做準備。

台灣經濟發展四十年，成功不是偶然，但也有無法複製的時空因素。時代不同，生態迥異，未來四十年台灣產業發展的路線絕對跟過去不同，不但台積電、鴻海不可求，其他生技業、軟體業、或者任何其他行業，都不會再出現像台積電、鴻海這類龐然巨獸般的企業。

也最好不要老是期望再次出現台積電或鴻海。因為未來無論互聯網、物聯網或工業 4.0 的世界，講究的是少量多樣、客製化、即時供應，企業的能力（capability）重於產能（capacity），效能重於效率。這些特質，正好跟胃口奇大的河馬背道而馳。

追求企業的獨特價值

台灣 GDP 總值約五千億美金出頭，相當於一家沃爾瑪，四家鴻海，二十家台積電。如果要追求上述工業 4.0 的未來世界，有一家鴻海不如十家小鴻海，或者一百家小小鴻海，甚至於一千家微鴻海（其實一億美金營業額的公司已經足夠上市，不能算小），它們不但有更高的成長空間，也更能迎合未來的趨勢。

不過真正的問題還不在企業的大小，而在企業是否具有獨特價值。電子五哥或面板兩雄雖然都是龐然巨物，但彼此差異性不大，核心能力幾乎相同，差別只在誰能從別人手中搶到客戶。即使是台灣活力充沛的中小企業，總是一家創新，十家模仿，好好的一片藍海最後也不免被血洗成紅海。

在未來的世界裡，企業大不一定就是美。以台灣這種經濟小國，企業規模可能還要小一個尺寸。某些太大的企業機動力不夠，只有透過分拆，才能維持活力。某些太小的企業資源不足，不妨透過合併，以便整合資源。健全的產業生態圈，需要有相對分散的大中小企業，不至於過度集中的產業，還有最重要的，每一家企業都有它之所以能夠存在的獨特價值。

{讀後想像}

★ **企業如果不追求成長，那不就是停滯了嗎？成長停滯的企業如何激勵員工，維持創新的能量？**

★ **以企業綜效來說，難道一家鴻海不比一百家小鴻海更有競爭力？如果只有小鴻海，面對韓國三星、LG，台灣如何能夠競爭呢？**

★ **如果以存活率和續航力來說，小型企業應該不會太高，是否企業規模越大越能存活？如果不是的話，有最佳的企業規模嗎？**

實力3

創新力

創新思維，如何接台灣的地氣、
矽谷的天氣？

01.

薄創新與厚創新

**薄創新是激發年輕世代創新能量最佳的途徑，
厚創新是地狹人稠的台灣競爭力的長久保障。
分別清楚厚與薄這兩條不同的創新方向，
有助於產學研或個人適當配置資源。**

創新難道已經成為顯學？學者專家天天呼籲，產業要轉型唯有靠創新，剛出版的新書只要掛上創新的字眼便能吸睛，大學裡紛紛開出創新管理的課程。廟堂鄉野，士紳達宦，人人對創新都有點看法，有些主張。

創新能夠引起廣大的關注是件好事，早該如此。不過以行動從事創新和用言語提倡創新的人數之間有個比例，這個比例該有多高？在用言語提倡創新的人中，有人擁有扎實的創新實務經驗，有人飽讀各種理論卻止於紙上談兵，兩者又該如何搭配？

紙上談創新，創新不過是一個沒血汗沒眼淚的中性名詞；對於飽嘗創新酸甜苦辣的人來說，創新卻是風險、等待、焦慮、恐懼、僥倖的複合體，創新的過程中，既要募集資源、建立團隊、決定先後，進行種種算計，還得承擔可能失敗的後果。

與時間賽跑 v.s. 和市場拔河

因此創新到底不像吃維他命，訴求明確，過程簡單，結果清楚。既然當前滿朝文武都在大力鼓吹創新，這裡不妨再費點筆墨，姑且將創新歸納成兩大類，進行一番剖析。

第一類有點知難行易的味道。例如許多互聯網、最夯的手機應用，或者許多服務業的創新，可貴的是商業模式，或是某項獨門創意。靈感雖然來之不易，研發卻相對簡單，這一類的創新，本文稱之為薄創新。所謂薄，不代表商業價值低，只是它的技術開發不需要「火箭科學」。臉書是薄創新的典型代表。

第二類可說是知不易行更難。像是材料、能源、生技或潔淨科技等領域，技術開發有一定的節奏，需要的時間較長，投入再多的資源也不見得可以壓縮進度，這一類的創新不妨稱之為厚創新。厚，不只時間長，研究開發費用高，未來建立生產線的時候往往投資更大。觀察美國的電動車先驅特斯拉（Tesla）的歷史，便能體會厚創新的特質。

薄創新需要跟時間賽跑，唯恐有人捷足先登。厚創新則是跟市場拔河，最怕彈盡援絕。薄創新的技術多跟資訊技術或軟件有關，及時完成最重要，好壞相差不大，有些瑕疵也無大礙，三個月後可以再推出新版本，大學畢業兩、三年的聰明小子便可以獨挑大樑。厚創新則通常仰仗基本技術的創新，而且涉及學際整合，行家的經驗可以累積，歷久還能彌新。

從台灣看兩大類創新

薄創新多需在地化，強龍往往不敵地頭蛇（雅虎終於在 2012 年底退出韓國市場便是一個例子），因此商業價值多半跟在地人口成正比。台灣 GDP 排名世界第 26，人口卻遙遙落居 49 名，在台灣發展薄創新，缺乏人口基數做後盾，創新的價值難以產生乘數效果。

這並不代表台灣不適合薄創新，只是在進行薄創新時該想清楚，眼前兩條路該如何選擇。

一是尋找一個廣大的出海口，解決一項不受限於台灣的問題。如果選擇的題目夠大，出海口市場有相當規模，創意有獨到之處，要說服創投公司或其他投資者參與並不困難，畢竟投資者時時在尋找有利可圖的機會。

如果題目較小，市場僅限於台灣，也不必勉強或氣餒，台灣的中小企業本來就佔97%，做一個快樂的微型創業者也是件很有成就感的事，重要的是找到對盤的投資者，大家建立相同的認知和期待。

厚創新則比較不受地域限制，只要技術有獨特價值，加以品質和商譽做後盾，便可以全球無遠弗屆。但是厚創新需要的「領域知識」（domain knowledge）往往非一蹴可及，必須依靠長期的耕耘；所幸一旦建立之後，也自然形成了堅厚的競爭壁壘。

台灣製造業慣以OEM模式加速進入市場，創新的厚度本來有限，但是二、三十年來在資訊、半導體和機械業也建立了可觀的聚落，在這些基礎上自然應該繼續加厚創新的厚度；除此之外，要能夠落實各種新興產業的發展，厚創新是唯一的途徑。

薄創新是激發年輕世代創新能量最佳的途徑，厚創新是地狹人稠的台灣競爭力的長久保障。分別清楚厚與薄這兩條不同的創新方向，有助於產學研或個人適當配置資源，根據能力與價值觀，各自發展出贏得從容、贏得長久的策略。

{讀後想像}

★ 以創業者的條件來觀察，薄創新與厚創新分別需要的個人特質及背景有哪些不同？

★ 沒有厚創新的技術背景，卻想要創立有長久競爭力的公司，有可能嗎？應該如何開始？

★ 臉書現在對於使用者資料、習慣的掌握，甚至對廣告主的掌握，不斷有功能推陳出新，需要相當的技術能力來完成，這還算是薄創新嗎？

02.

畫地不為牢——盒子裡創新

**杉本博司說了一句話令人回味無窮：
「要讓建築師創作一件失敗的作品，最簡單的方法，
就是給他很高的預算。」
沒有限制條件，就像擁有充分預算的建築師，
不見得能夠產生更好的創意。**

日本攝影大師杉本博司在台灣舉辦了第一次個展，因緣際會去聽了這位世界級文化資產的演講。也許出自充沛的創作能量，也許需要透過另一種媒介來表達他豐富的藝術理念，杉本博司跟創意女神繆斯的對話，已經從攝影逐步進入建築藝術的領域。

談到創意，他說了一句話令人回味無窮：「要讓建築師創作一件失敗的作品，最簡單的方法，就是給他很高的預算。」

集中、專注與限制

創意究竟從何而來？人們腦中出現的景像不免是：創作者在一張畫布、一片白紙、或是閃爍的螢光幕前自由揮灑，創意有如天馬行空，不拘一格。特別是創意當道，創新正紅，人人都能口占一訣：「跳出框框思考（out-of-box-thinking）」，「甩脫一切束縛（shake off all that hinders）」，「只有天空是我限（Sky is the limit）」等等。

然而就像杉本博司的警告，沒有限制條件，就像擁有充分預算的建築師，不見得能夠產生更好的創意。

純藝術創作因為不計較功能性，受到的限制較少，但所有藝術家仍然不免受限於工具（例如毛筆和畫筆各有所長）、形式（例如古詩、絕句、詞牌自有規則）、材料（泥土和石頭限制了雕塑的表達形式）。大部份藝術家都擇一而專精，這不是畫地為牢，而是減少選項，集中精力，專注於技巧的精煉、創意的開發。

與藝術創作相較，科技創新必須具備功能性，因此除了外在現實條件的種種限制（例如可以取得的原材料的性能、規格便是經常遇見的限制），更有許多主動賦予的限制條件（例如最終產品的目標規格）。

哈佛大學教授泰瑞莎・艾默伯（Teresa Amabile）從心理學和組織

的角度研究創意多年，依她的經驗，限制條件有兩個作用，一是定義要解決的問題的範圍，其次是提供解決問題的起始點。適當的限制反而有益於創意，增加創意的品質。

常見的限制有兩類：一類是有限的可用資源，包括時間、人力和預算。一類是必須達到的產品規格，包括功能、成本、大小和形狀（此處以硬體為例）等，這個限制又必須跟目標市場掛鉤。

也許來自腎上腺素的作用，所有專案都在預計結案日期之前，或者在跟競爭者比賽誰能搶先推出新產品的時候，生產力最高，創意最為旺盛。有經驗的創意領導者因此知道如何善於掌控節奏，一面在創意的發散期給予充分時間，探索不同的可能，一面在創意的收斂期有效收官，避免追求永無止境卻微不足道的改善。

溝通協調的成本往往跟成員人數呈指數關係，因此創意的產生速度並非隨人數等比例增加，超過最低臨界點後，創意生產力可能持平，甚至於開始走低（因為要花太多時間說服彼此）。最近精實創業（lean startup）受到許多關注，原因之一是，如果論人頭計算創意生產力，小的創意團隊常具有更高的戰鬥力量。

崇尚簡約，非有不可

最能激發創意的限制條件是制定具挑戰性卻又可行的規格。

賈伯斯是此中高手，他為工程師畫下的框框一向是不可能任務，卻因此激發出超乎尋常想像的創意。

從 80 年代開始，賈伯斯對設計者的要求便是「崇尚簡約」（keep it simple）。這是一種減法原則，在外觀上減少按鍵、線條和接縫，在功能上聚焦在「非有不可」（must have），刪除「有也不錯」（nice to have）的產品規格。這些給設計者出難題的各種限制，結果塑造了蘋果與眾不同的風格。

賈伯斯最熱衷的題目之一是產品的厚度。MacBook Air 問世時，它的厚度比同時期市面上的筆電薄三分之一以上，這樣的超規格是否必要？尋常的設計者如果跟賈伯斯理論，他的標準回答是：你辦得到（You can do it）而不留餘地。是否真能辦到？賈伯斯也不知道，但他知道不合理的限制（也可說是一種目標）常能激發創作者的潛能，產生跳躍式的創意。結果由於超薄的要求，導致機殼、LCD 面板和 IC 封裝技術的連鎖式創新，創造出筆電市場裡的一個新品類。

74 分鐘的 CD

當年 Sony 及 Philips 爭相開發光學儲存技術的時候，曾經面臨一個問題：如何決定儲存容量的標準長度？最後決定了 74 分鐘的播放時間，為什麼不是 60 分鐘？因為當時 Sony 的社長大賀典雄愛好古典音樂，貝多芬的第九號交響曲各種演奏版本都在 70 分鐘左右，最長不超過 74 分鐘，74 分鐘於是就此拍板定案。這個看似無厘頭的限制，省去了許多不必要的探索，推進了 CD 的研發速度，結果成為歷史上普及率最快的產品。

上市紅極一時的推特也用逆向思考，一反通常越長越好、越多越佳的思路，限制短訊字數最多不能超過 140 個字母。這樣斬釘截鐵的限制固然讓人不能暢所欲言，卻也簡化了人機介面，縮短了用戶的學習時間，蔚為風氣之後，反而產生了「推特文學」。

能夠激發跳躍式思考的另一個重要限制條件是成本。

當年筆電市價還在美金一千元左右的時候，麻省理工媒體實驗室（MIT Media Lab）創辦人尼葛洛龐帝（Nicholas Negroponte）教授喊出一百元的目標價格，甚至成立一童一筆電專案。雖然到現在筆電成本尚未達標，但是這個計劃引進廣達、華碩等大廠的參與，結果間接促成了筆電整體市價的下降。

在許多落後貧窮地區，無法負擔昂貴的醫療設備，甚至於最基本的顯微鏡都難以普及。最近史丹佛大學教授馬努・普拉卡什（Manu Prakash）在蓋茲基金會申請到一筆補助，計劃開發成本一美元的顯微鏡。一美元？怎麼可能？原來他的想法是開發一個用紙製作的顯微鏡，這個計劃的成果真是令人期待（普拉卡什教授創新的理念是：用二十一世紀的工具，解決十九世紀的問題）。

另一個以低成本為限制條件的例子也來自史丹佛大學。設計學院（d.School）給學生出了個題目，設計出一個低成本的保溫箱。經過實地考察，學生團隊發現落後地區根本缺乏電力，這樣一個嚴重的限制條件反倒激發靈感，結果設計出熱水袋式的保溫箱，成本還不到傳統插電式保溫箱的百分之一。

台灣的創意實踐者像機車族

從許多經驗顯示，創意可以學習，特別是學習如何定義問題，所以有人說：把問題定義清楚，已經得到了一半的解答。尋找客觀環境的限制條件，甚至於主觀選擇限制條件，可以把一個紊亂無序的問題梳理成有結構層次的問題，換句話說，就是找出邊際範圍，畫出框框，在框框內發揮創意。無怪乎有一本談創意的書，書名便是《盒內思考：有效創新的簡單法則》[1]。

台灣的創意實踐者像是台北市的機車族，輕巧靈活，但是份量嫌輕。如果有心改善，在創意開發的階段，可以考慮自我設限，立下幾個原則：

一、不抄襲或模仿市場上的當紅產品，以降低15%的成本為目標。

二、不重複自己過去的成功，略加改善便企圖搭過去的順風車。

三、每一次創新，都要確保具有一些獨特的創意，讓競爭對手在兩年內難以趕上。

說來容易，其實很難，是不是？那是因為長久以來，我們創新的焦點大多放在降低成本上。

畫地之所以成牢，是因為我們慣性思考的力量太強大，要跳出的框框，其實是我們的慣性。現實的框框還是要留意的，地也不能不畫，只是別自陷囚牢，把自己弄得動彈不得。

註1：中譯版《盒內思考：有效創新的簡單法則》（*Inside the Box:A Proven System of Creativity for Breakthrough Results*），德魯．博依（Drew Boyd）、傑科布．高登柏格（Jacob Goldenberg）著，天下文化出版，2014年5月。

{讀後想像}

★ 為何成本是激發跳躍式思考的重要限制條件？台灣最會砍成本，為什麼大家還說台灣缺乏創新？

★ 推特的成功，與它能化繁為簡有關，但丟掉過去人類的文字書寫歷史，這樣的創新能持久嗎？

★ 所謂的牢除了自我設限外，是否更應該擺脫束縛已久的慣性？從小被教育「應該」這麼做或「不應該」那麼做的僵化思考模式，是否才是真正讓我們跨不過限制的牢？

03.

第三種創新——由設計觀點驅動的創新

一般創新有兩個方向，一是從發展技術下手，一是從了解市場需要入門。而設計驅動式創新關心的卻是內容、意義、使用情境，企圖跟使用者產生感性上的連結。

美國羅德島設計學院在全世界設計圈裡的地位，相當於工程圈裡的麻省理工學院。日裔美籍學者前田約翰（John Maeda）擔任院長五年，他原本在麻省理工唸軟體工程，後來留學筑波大學獲得博士學位，專攻設計。他結合工程與藝術的背景，對領導羅德島設計學院的發展產生重大影響。2013年底，前田離開學院，加入矽谷著名的創投KPCB（Kleiner Perkins Caufield& Byers），擔任設計合夥人（design partner）。

設計合夥人？在創投界這可是前所未聞的頭銜。

藝術創造價值

KPCB 總是在關鍵時刻延攬重量級人物加入，企圖掌握產業發展的潮流。2007 年，KPCB 禮聘製作《不願面對的真相》的美國前副總統高爾，大舉投入潔淨科技領域（不過這個產業部門過去幾年表現不佳），找來前田約翰，意味著未來談創新，藝術是不能忽略的因素。

美國教育由於理工科的表現一向不如亞洲國家，因此創造出 STEM 這個字眼（STEM 代表 Science、Technology、Engineering、Mathematics），無論教育經費、移民政策，政府對於 STEM 教育都有許多政策鼓勵。前田約翰在羅德島設計學院上任不久後，依據他獨特的工程加藝術的背景經驗，深深感受到對創新而言，科技與藝術分則兩敗，合則雙贏，因此主張高等教育不可忽略藝術，STEM 裡應該加上 Art，STEM+A=STEAM。幾年之間，STEAM 的呼籲得到許多迴響，修正了 STEM 教育的偏頗。

一般創新有兩個方向，一是從發展技術下手，一是從了解市場需要入門。從技術下手可以天馬行空，不受現實拘束，有時能夠產生破壞式創新，產生洗牌效果，甚至於形成產業革命，但缺點是往往技術跟市場脫節，造成「答案找問題」的窘況。從市場入門，自然能夠有效解決現存的問題，創新的成果可以立即找到客戶，然而難免缺乏想像，自我設限，成為一種漸進式的創新，雖然初期可以取得市場，但最終還是可能被下一個破壞性創新的浪頭席捲。

有人觀察蘋果電腦的成功，或者是分析設計界翹楚 IDEO 及其他許多公司的經驗，發現這些公司的創新都不屬於前兩種，而有第三種來源。這種不同於技術或市場的創新來源，史丹佛大學設計學院（d. school，這裡的 d 自然代表 design）將其稱之為設計思考（Design Thinking），義大利學者羅伯托·維甘提（Roberto Verganti）教授稱之為「設計驅動的創新」（Design Driven Innovation）。

所謂設計驅動的創新是將創新的注意焦點從產品的功能、規格、成本、外型，移轉到產品的意義、內涵和傳達的價值。設計驅動式的創新不同於傳統的工業設計，工業設計處理形式（form）、大小、重量、色彩、操作性，追求的是視覺上的美感，或者是觸覺上的舒適。設計驅動式創新關心的卻是內容、意義、使用情境，企圖跟使用者產生感性上的連結。

不妨用蘋果公司的例子來說明設計驅動式創新與一般創新的不同。

使用減法的創新設計

iPod 在 2001 年問世，當時市面上早已充斥各種品牌的 MP3 播放器，千篇一律都在訴求可攜帶性和價格，蘋果公司卻營造出 iPod 使用者都是很酷的愛樂者的形象（還記得蘋果廣告中，一個個年輕人耳掛白色耳機線，陶醉在音樂中的神情嗎？）。

2003 年 iTunes 店面剛成立時，我曾旁聽一場座談會，主管 iPod 業務的負責人是與談人之一，他將推出 iTunes 店面的意義比喻為 1869 年美國東西雙向修建的鐵路終於接軌。這樣的說法當時一般人不能體會，後來才了解，有了 iTunes 店面，用戶用 99 美分下載一首合法音樂，原本音樂的供給和需求兩個不同的生態圈，終於像東西鐵路接軌，使用者心安理得聽合法音樂，唱片公司也有了新的收入來源，雙方各有所得。iPod 從此進一步登堂入室，逐漸取代 CD，扮演了家庭裡音樂中心的角色。

多數工程師在創新時喜歡採用加法思維，在工程能力和成本範圍內，盡可能加入更多的功能，爭取在競爭性價比時得以略勝一籌，或者冀望一個功能帶來一群客戶，越多的功能，帶來越多的客戶。蘋果公司卻反其道而行，最擅長用減法，例如 MacBook Air。當年 DVD 光碟及乙太網路接口都是筆電的標準配備，如果做市場調查，絕不可能不放在規格之內，賈伯斯卻兀自冥想（有一個寓言式的說法：他每天看著鏡子，反覆揣摩自己需要什麼），大膽地省去這兩項功能，結果造就了 MacBook Air 超薄超輕超炫的外型，成為女性、企業高級主管、成天在旅途奔波的專業人士的最愛，一種身份和價值觀的陳述。

用加法思維創新，反應了創新者缺乏信心，既稀釋了創意獨特的價值，也模糊了焦點。用減法創新，必然強迫創新者集中注意力，回到原點，思考創意的獨特價值，特色反倒更容易凸顯。（說到這裡，不免讓人想起中國的古典智慧：「為學日增，為道日損。」）

繼科學之後，藝術賦予的能量

然而由設計驅動的創新並不是閉門造車，孤芳自賞。史丹佛大學設計學院強調用同理心協助創新，充分了解使用者生活的情境（這跟調查使用者的需要不完全相同），才能跳脫創新者在熟悉的環境裡常有的慣性思考。例如義大利著名的燈具公司 Artemide 設計燈具的時候，考慮的不只是照明，他們更關心的是光線與人的關係，對於人的生活、情緒、社交關係，燈光在其中能夠扮演什麼角色。

維甘提教授則建議創新者應該建立「詮釋者」（Interpreter）網路。所謂詮釋者便是對產品相關領域有深刻認識並且有論述能力的人，有些詮釋者在企業內部，有些在外部，有些人掌握技術，有些人是藝術家，有些人可以事先預見或描繪產品的意義，有些人可以事後闡述。在這群人中，企業的主管像藝術品經銷商，需要不斷描述藝術品（也就是產品）的故事，而不只在訂定價格，推銷產品。

在產品功能已經超過多數使用者的期待時，創新不再停留在研發新技術或開發新產品，而在發掘新的意義。二十世紀初，科學曾為抽象畫帶來許多嶄新的創作靈感，在二十一世紀，也許藝術能夠賦予科技創新一種新的生命能量。這種新方向，不但值得現代創新者留意，負有教育下一代創新者任務的教育機構，更應該密切掌握。

{讀後想像}

★ 台灣最近流行文創產業，但深受美國電影文化影響的台灣，在文創小店也賣起復仇者聯盟小物。這種現象能幫助產業加值嗎？

★ 小米的設計驅動不是藝術，而是人。它讓使用者來做「詮釋者」的角色，從不同人的面向詮釋小米機，進而產生社群網絡，這不也是另一種形式的創新？

★ 藝術能賦予科技創新的能量，也能賦予生活新的能量。藝術需要創造者，也需要欣賞者。台灣的教育可以扮演什麼角色？

04.

避免創新的空頭市場

**大多數的公司快馬加鞭開發手機，
卻有少數人悄悄地買下各大城市附近的山頭地，
準備將來賣給建基地台的公司。
創新不必怕過熱，只要能夠快人一著，見人之所未見。**

華爾街有個說法：當辦公室的清潔工進場買股票的時候，就是空頭市場開始的徵兆，股海老手就該準備出場了。

同樣的，看到從矽谷到蒙古，從工廠到大學校園，處處談創新，人人想創業，這會不會意味著：創新即將開始過剩？

「搶頭香」現象的利弊

資訊越發達，認知越普遍，有時候越容易產生羊群盲跟效應，因為大家讀著相同的市場報告，一窩蜂發展類似的技術，這種現象在投資圈中屢見不鮮。

十多年前，電信的軟件交換機（Softswitch）技術當紅，美國創投界投入的資金接近美金十億之多，後來幾乎全軍覆沒。WiFi 流行後，我看過至少十家以上 WiFi 晶片或系統的商業計劃書，結果成功的不過 Athoros 和雷凌兩家公司。其他諸如奈米技術，燃料電池，WiMax 等熱門話題，甚至於過去幾年的太陽能產業，都有投入資源過剩而無法得到適當經濟報酬的現象。

過多的投入必然造成激烈的競爭，競爭固然造成浪費，但也形成進步的動力，若沒有競爭，創新的腳步不會如此緊湊。當年瓦特「發明」蒸汽機時，英國同時有三、四組人馬爭著搶頭香，瓦特幸虧得到投資者的資助才後來居上，如果不是競爭，瓦特蒸汽機也許不會這麼早出現。

資源豐富、創新能量充沛、科技領先的國家傾向鼓勵競爭，因為搶得頭香的利益超過重複投資造成的浪費。但在市場急速變化的前提下，產品更迭頻繁，頭香的利益越來越小。

更值得注意的是，跟在後頭的國家，如果一味提倡創新，眾多新創公司的創意卻大同小異，最後恐怕贏者的獎品，遠遠小於眾多輸家的代價。

打開國際觀，知己知彼

打開台灣的科技版圖，持平地說，我們沒有任何領先世界的前緣技術，本來這也無所謂，老二甚至老三都自有其生存之道，只是我們更不能輕易浪費寶貴的創新資源，更需要慎選創新的題目，避免創新過熱的空頭市場。

一般常見的創新題材，以品質來看，可以分成三階：抄襲（me too）、改善（me better）、原創（novelty）。將抄襲說成創新似乎有點諷刺，不過以抄襲而創業成功的公司比比皆是，百度就是一個現成的例子。

在互聯網的領域裡，幾乎只有美國是真正的創新原創國，其他國家有志創業的人每天瀏覽 Techcrunch，跟踪新創公司的動態，產生的創意不是抄襲就是拼湊，加上一點本地特色，原生的創意本來就是鳳毛麟角。

當創新過熱的時候，爬牆先爬矮牆，大部份的創新能量總是先湧向抄襲，或是局部改善。前面所舉的 WiFi 晶片等都是現成的例子，這個現象在台灣眾多的商業企劃書大賽中更是明顯。

比較不明顯因而乏人關切的是，台灣產學研彼此之間的資訊交流非常隔閡，在政府大力提倡某些特定產業（例如生技或雲端）的政策方針下，許多學研單位缺乏深切的領域知識，只能從文獻中尋找研究題材，往往不約而同地發展類似的技術（如果有人盤點一下台灣有多少個電子眼、電子鼻、電子耳的科技專案，恐怕會扼腕三嘆）。

整體來說，台灣的創新能量仍然不夠，創新的題材更應該避免一窩蜂的向抄襲傾斜。當舉國上下都在鼓勵創新的時候，如何避免造成創新的空頭市場呢？

首先任何從事創新的人應該增加對世界市場第一手的認識。當今的世界瞬息萬變，潮流、需求、競爭，今天如此，明天便面目全非。創新者既應了解客戶，也該了解競爭對手，從第一手的認識中發掘創新的題材。在這個過程中，大量的閱讀各種文獻自然必要，不過應該建立一種心態：那些資料只能標示暗礁的位置，不可誤以為它們能指點前往的方向。

對掌握政府創新資源分配的決策者來說，鼓勵資訊交流和資源共享是減少創新重複投資最有效的方法。創新也是一種供需市場，資訊越透明，越為大眾所知，市場機能越有效，創新的資源越能達到最大的效用。

當然，更重要的還是創新者的心態和創新圈內（包括投資人）的風氣，畢竟抄襲最快，風險最小，原創最慢，未知最大。不過要轉變風氣，只能漸進，無法速成，但願台灣能有幾個成功的原創個案，也許能產生若干燈塔效應。

1849 年加州淘金熱的年代，淘到金子的人不多，賣鏟子和篩盤的人卻發了財。無線手機網的技術標準被美國 FCC 接受後，大多數的公司快馬加鞭開發手機，卻有少數人悄悄地買下各大城市附近的山頭地，準備將來賣給建基地台的公司。創新本來不必怕過熱，只要能夠快人一著，見人之所未見；若只知人云亦云，盲跟著大夥兒一塊去淘金，結局也是可想而知。

{讀後想像}

★ 如何能夠解決產學研領域內重複研發技術的浪費現象？

★ 台灣如同以色列一樣為小國，的確不應浪費寶貴資源，但創新從來就是件需要冒險的事，就像美國為何是創新能源豐富的國家，就是因為有不怕失敗的文化。若創意總是戰戰兢兢，那未來的創新可能還是侷限於抄襲改善。有可能一面鼓勵競爭，卻又避免重複投資嗎？

★ 創業潮之中總是接受五花八門的資訊，想要創新卻常常被爆炸資訊淹沒，接收太多越多越雜的消息，要如何判別路標是暗礁或是陷阱？

05.

矽谷創業的最新跑鞋

矽谷 Co-In-8x 在創業生態系統中扮演的角色仍在快速演化，不僅數目持續增加，功能也越加細緻。這雙新跑鞋已經不是一雙通用的跑鞋，而是為短跑、中距離、馬拉松，甚至於田賽、徑賽量身定做，各式各樣不同的跑鞋。

新聞報導，美國創投業 2014 年的總投資金額高達 483 億美元，較 2013 年成長 61%，是西元 2000 年來的最高點。其中 268 億美元投資在加州，佔全國五成以上，矽谷及舊金山仍然是創業者的最愛，磁吸效應仍然持續在擴大中。尤其是舊金山，近年來對新數位經濟的新創公司具有獨特的吸引力，一個人口不到全國 1% 的城市，就拿到了全國 23% 的創投資金。現在談矽谷，舊金山是不可缺少的一部份。

矽谷的完整創業生態環境向來為全世界所羨慕，史丹佛、柏克萊大學以及來自全世界的移民提供一流的人才和技術，創投提供似乎不愁匱乏的基金和豐富多元的經驗，再加上寧鳴而死，不默而生的創業文化，儘管全球各國都想模仿矽谷，但是很難完全複製。最近幾年矽谷的全球領先地位反而更加超前，這跟創新方法論的創新脫離不了關係，其中共同工作空間（co-working space），育成中心（incubator，大陸翻譯為孵化器），以及加速器（accelerator）的營運觀念，都是重要的推手（以下為行文方便，將三者合稱為 Co-In-8x）。

我曾將育成中心和加速器對推動創新的功用比喻為運動員的新跑鞋[1]。近年台灣對於加速器的好奇增加許多，但真正的實踐者仍然屈指可數。分佈全省一百多家的育成中心少數力求突破，多數卻依然受限經驗、觀念和資源，無法跟上全球創業生態圈進步的腳步。

相形之下，兩年之間矽谷 Co-In-8x 在創業生態系統中扮演的角色仍在快速演化，不僅數目持續增加，功能也越加細緻。這雙新跑鞋已經不是一雙通用的跑鞋，而是為短跑、中距離、馬拉松，甚至於田賽、徑賽量身定做，各式各樣不同的跑鞋。

加速器的賣點：業師與啟動基金

在台灣，雖然Co-In-8x三者都各有著墨，但是名稱用的有些浮濫，

註 1：〈創新徑賽的新跑鞋〉，2013 年 1 月，《獨立評論@天下》「點矽成章」專欄。

因此值得在此費些筆墨澄清這三個名詞的區別。

育成中心發展的歷史最悠久，定義也最廣泛。有的育成中心從創意到創業，一手全包，相當於扮演共同創辦人的角色。如此深度參與，不可能培育太多公司，因此通常要求在新創公司中佔有較高的股份，Idealab 是其中最有名的例子（不過這家育成中心的總部在南加州，不在矽谷）。

目前流行的育成中心則多半以提供辦公空間、和舉辦活動為主。每家育成中心雖然號稱提供完整的加值服務，從創業諮詢、財務、法務、培訓到幫忙尋找投資人，菜單雖然豐富，但主要的收入還是來自向新創公司收房租，但是因為有群聚效應，進駐團隊互相切磋鼓勵，加上共同參加許多活動，也能激盪出不少火花。

2014 年台灣創業圈內最受矚目的新聞，大概是台大 3D 打印機團隊 FLUX 接受 SVT Angels 輔導，到矽谷沉浸三個月，成功地在 Kickstarter 預售了新台幣五千萬元的產品。SVT Angels 安置 FLUX 的場所，Plug and Play，可以算是歷史較為悠久的育成中心營運者。

共同工作空間發展的歷史較短，服務對象常是更早期的創業者，公司也許還沒成立，只在尋思階段，也許處於草創，需要一個臨時的聚會空間。經營者以人頭收月租，客戶如果需要固定座位或辦公室，可以另外加碼。除了空間、網路、或咖啡之外，共同服務空間其他附加服務有限，但是因為進駐條件寬鬆，營運門檻低，成為閒置空間再生利用的好出路。

加速器雖然是最新的潮流，它的鼻祖 Y Combinator 也成立了將近十年。為什麼稱為加速器？因為加速器經營者高度參與新創公司，往往投入種子資金（一般四至十萬美金），佔公司 6-10% 左右的股份，透過三個月的密集腦力激盪，徹底檢討創業者的技術、市場、商業模式，三個月後，團隊可能脫胎換骨，大幅提高找到資金的機率。

經營加速器難度要比育成中心高出許多，它不但沒有房租收入，還要投入種子資金，等個七到十年才能看到開花結果；更困難的是它必須擁有一流的輔導業師，向新創團隊提供實質、有效的幫助，讓團隊心甘情願地付出股份。如果加速器缺乏有實務經驗及全球眼光的業師，又沒有耐心資金願意長期等待，其實跟育成中心沒有太大的差別。

在矽谷的加速器中，500 Startups 比較國際化，台灣許多創業團隊如 PicCollage、Cubie、POP、Bounty Hunter 都曾經接受輔導，結業後也得到了矽谷天使投資人的青睞。500 Startups 正在籌集第三期基金 5 千萬美金，2015 年 1 月 23 日消息傳出，台灣行政院開發基金確定投資 1500 萬美金，相信這個決定對於重新連結台灣和矽谷將有很大的幫助。

越專業越能加速

在不同的產業裡，新創公司的致勝要素全然不同。例如生物技術的創意容易產生，但驗證技術的可行性和效用十分困難；軟件開發成本比 IC 低，但是開發客戶的成本高出許多；薄創新比速度，厚創新卻要比耐力。由於這些種種差別，灣區這幾年來 Co-In-8x 的發展趨勢是走向個別產業專業化，以便提供更好更精緻的服務品質。

產業專業化有哪些好處呢？

Co-In-8x 組織的一個重要功能是降低創業所需要的設備投資。例如硬件新創團隊需要各種工作機台、精密 3D 印表機，生技公司需要實驗室、檢驗設備。這些設備投資不菲，四處找單位借用得靠關係和運氣，如果 Co-In-8x 組織能夠預先購置，新創公司依使用付費，便能大幅減低初期的資本支出。

第二個好處是業師的素質可以提高。一般業師有兩類，一是通才，一是專才，對新創公司各有不同的輔導功能。當遇到技術、市場或跟產業有關的細節問題，只有專才的業師才能提供直接、實用的協助，如果 Co-In-8x 組織各種產業包山包海，便很難建立完整的專才業師。反過來，如果 Co-In-8x 能夠明確地選定產業，聚集具有第一手經驗的業內高手，便容易吸引相同產業的新創公司，提供有效的諮詢。

最後，在Co-In-8x內，新創公司彼此間相濡以沫的效果不容忽視，如果同屬於某一產業，進駐公司彼此可以相互學習啟發，甚至產生良性的競合關係，加速新創公司的進展。

連餐飲創業也需要育成

矽谷裡打出產業達人名號的 Co-In-8X 多不勝數，以下列舉一些例子以為產業專業化這個趨勢的佐證。

硬件產業：Techshop（全美共有8個據點的共同工作空間）、Lemnos Labs（擁有許多達人的加速器）、Wearable World（專門針對可穿戴裝置的育成中心 / 加速器）、Highway1（愛爾蘭 PCH 公司在矽谷成立的加速器）、Lab IX(代工大廠 Flextronics 子公司，兼具育成中心、加速器和投資者)。

生技產業：QB3(加州大學系統成立的生技育成中心)、Biocurious（號稱為生技駭客提供實驗室）、Indie Bio（SOSVenture 成立的加速器）、San Jose BioCube（提供實驗室和共同工作空間）。

潔淨科技產業：Prospect SV（半官方的育成中心）、Greenstart(加速器)。

食物餐飲創業，也能找到育成中心：Culinary Incubator（全美國有

450 個公共廚房）、La Cocina（協助低收入族群微型創業）。

展望台灣重回矽谷

看到矽谷 Co-In-8X 如此分門別類，各自蓬勃發展，自然能感受到矽谷創業活力的來源。近年來，台灣的創業圈遠較以往活絡，台灣與矽谷間的聯繫從 1990 年代的緊密頻繁，2000 年代的疏離脫鉤，到最近由谷底回升，政府與民眾都做了非常多的努力。無論國發會主導的花博創業聚落案，或是科技部主導的重新鏈接矽谷案，都需要數年的努力才能看到具體成效。

立意再好的計劃，最重要的是能夠接受供需面的檢驗。台灣的 Co-In-8X 運作不夠成熟，因此在供應面和品質上有加強的空間。反之矽谷的 Co-In-8X 生態健全，競爭激烈，台灣不需到矽谷建立育成中心，如何協助台灣的創業團隊善加利用矽谷既有的資源，才是槓桿效果最佳的資源利用方式。

未來的創業團隊必然越來越需要面對全球的市場和競爭，一方面台灣的團隊需要走出去，另一方面，台灣也需要國際團隊走進來。台灣跟矽谷本來具有地緣的便利，又有人脈的連接，如果最終能夠建立起人才、資訊、資金的雙向交流道，兩地的關係才算真正緊密。

{讀後想像}

★ 台灣的育成中心到底做了甚麼？會不會只是另一種靠創業者維生的變相商業模式？

★ 技術類產業需要育成，食物產業也需要育成，育成能減少創業團隊在初期經費不足的狀況，提供設備投資，但對於其他產業如旅遊也需要嗎？

★ 當年聯發科或台積電也沒有經過育成中心，推動創新創業，真的需要育成中心嗎？

06.

稀少與過剩，問題與機會

未來哪些產業有發展潛力？大勢所趨，眾人蜂擁而上，
贏率降低，市場次序亂了套，沒人能賺到錢。
不妨從過剩的角度來尋找，
市場中是否存在著一些獨特而少人注意的商機。

過去三十年的經濟發展有一個基本的軌跡，就是假設資源和人的需要兩相對比，相對稀少。既然稀少，就必須積極爭取、開發，提高效率，大量生產。

人的需要究竟有多高多深多厚，本來不是經濟學家關心的事。經濟學家凱因斯（John Maynard Keynes）就認為經濟生產力如此神速進步，人的需要很快便能被完全滿足，因此預測 2030 年當代人一週只要工作 15 小時，便可溫飽無虞，其他時間盡可享受人生。

但是現代商業活動藉著各種行銷工具，充分掌握、甚至操弄人的心理。人的「需要」和「想要」之間本來界限模糊，由於人際關係的密切，還產生了許多人在江湖身不由己的「必要」（例如送禮，請客吃飯，或者是種種象徵權與勢的消費）。高明的行銷手段一如為人抨擊的美國無人飛機，精準無比，人的起心動念全在掌握之中，無所遁形。結果塑造了時下普遍的社會心理：一個人吃的方式反應了他的生活態度，穿的衣服傳達他的品味，居家所在的區域暗示了社會階級，開的車子更公開宣示自己的財富身份地位；可以說，每刷一次信用卡，都是自我期望和社會觀點的投射。

於是「想要」演變成需要，「必要」化身為藉口。

消費萬歲，過剩無罪

有人稱之為消費者時代。這個時代裡，消費者的各種需要受到鼓勵，物質既難以追趕需要，生產便崇尚寧多勿匱，無形成本既無人計算，更可以放心追求有形成本的不斷降低。大量生產加上強力行銷，原來以資源稀少為前提的經濟社會，居然造成物質過剩的結果。

最近在矽谷一次演講後的問答時間裡，一位大陸來的朋友問我未來三年裡，科技趨勢中有哪些可能的亮點，哪些產業有發展潛力。

這種問題既容易也很困難。容易的回答是引用一些當紅的字眼：例如移動應用、海量資料、物聯網（Internet of Things）、BYOD（Bring

Your Own Devices）……等等。難的是既然是大勢所趨，眾人蜂擁而上，贏率降低，市場次序亂了套，沒人能賺到錢（太陽能市場不是一個現成的例子？）。

對這兩難的問題，我提供了一個思考的方向：當過剩成為社會中的普遍現象時，不妨從過剩的角度來尋找，市場中是否存在著一些獨特而少人注意的商機？

如果戴起「過剩」（而非稀少）的眼鏡，現代社會裡過剩的現象到處可以見到，大致可以分成以下三個區塊：

一、因過度消費而產生的過剩物資

二、因營銷通路的不完全效率而造成的過剩物資

三、生產過程中產生的各種無市場價值的附帶產物

面對消費文化產生的過剩

過度消費是消費經濟的特色。現代消費者越來越不介意衝動式或炫耀式的購買行為，加上產品替換速度越來越快，產品壽命往往長於主人喜新厭舊的心情。大賣場的包裝越來越大，節慶送禮越來越受到重視。大多數現代人的衣櫥和儲藏室已經比二十年前大了一倍以上，仍然嫌小，源源不斷的新歡無處容身，舊寵既然過氣，只有面臨被拋

棄、捐贈、轉售的命運。

由於過度消費而產生出來的商機，最直覺的聯想是各種二手商品的買賣，例如二手書（台灣最近很流行，茉莉二手書店從北向南，店面坪數越開越大），奢侈品（特別是女士的包、衣飾等高單價奢侈品，不過這個市場發展得早，已經相當成熟，亞洲主要的網站包括：日本的 Brand Off、2011 年在香港上市的米蘭站、大陸的寺庫網站等），電子產品（將先進國家淘汰的手機、筆電、遊戲機，轉賣至落後國家也已行之有年）等等。但是二手市場未來必定會持續成長，無論產品類別、交易方式（以物易物、寄賣、積分制）、購買經驗（線上線下、確保品質的方法），仍然有許多創新的空間。

物質過剩，垃圾數量自然隨之增加。包裝材料、容器、報廢的各種民生用品如果不能回收，都是花費成本的廢物，如果能夠回收，就搖身變為可以產生收入的有用資源。最近《紐約時報》有一篇報導，稱讚台灣因空間有限，在垃圾回收上有顯著成就；黃謙智創辦的小智研發投入這個領域多年，對於風氣的倡導，功不可沒。這確實是一個台灣值得努力的方向。不過路還很長，有待開發種種硬底子科技，將垃圾中更多的「廢物」轉變為黃金。

閒置也是一種過剩。Airbnb 的成功，在它能讓屋主的空房產生收入，RelayRide 打著有車出租的招牌，卻沒有自己專屬的車隊，出租的是一般民眾自用車的空檔時間。這些都是國外的案例，台灣可以效法嗎？不妨試想：台北市停車一位難求，車停下來也是閒著，是否有可能媒合停車的和租車者的需求？

共享經濟（shared economy）下的種種創意，其實就是面對過剩物資而產生的種種發想。

造成過剩還有一個原因，就是人們喜歡擁有甚於租用，房子、車子、自行車、各種用品，總是喜歡放在自己名下。但是幾年前《時代雜誌》曾經有一篇報導，認為未來年輕世代將逐漸成為無殼的城市游牧民族；也有許多人相信，租用制比所有制更具經濟效率，使用者的成本更低，未來許多商品的銷售將逐漸從賣斷制轉變為租賃制。2014 年初被 Avis 租車公司收購的 ZipCar 在城市廣受年輕族群的歡迎，以及在台北市備受矚目的 U-Bike（將來可能有 U-Car 嗎？為什麼不？），都印證了這股潮流。

通路不完美，創新來善後

產銷之間因為有時間落差，因此不可能達到百分之百的效率，通路上，永遠會有各種多餘或滯銷的庫存，或者是客戶返回品。視產品而異，這個數量大約是正常商品的 3-5% 左右，一個企業能否賺錢，往往取決於是否能發揮創意，有效管理這些非正常商品。

但更大的問題是食物，據估計美國生產的農產品，40% 都浪費在食物加工、超市、餐廳和家庭這條供應鏈上。同樣在台灣，只要在菜市場收攤後，餐廳打烊時，或者在超市倉庫外的垃圾箱走上一遭，便可以感受到這個問題的嚴重性。

但也可以視巨量的過剩食餘（food waste）為蘊藏豐富的金礦，等待創意開採。

美國單位面積收入最高的有機超市 Trader Joe's，它的前任總裁道格・勞奇（Doug Rauch）對過期食品造成的浪費有切身之痛，於是籌劃創辦 Daily Table，在 2015 年 6 月開張，專門販賣剛過保鮮期卻沒有食安顧忌的各種新鮮及加工食品，店裡還有熟食部，價格低到可以跟速食店相競爭。

處理食餘的第二優先是將其加工成為動物飼料，隨著新鮮穀物價格日益上漲，估計動物飼料採用食餘的比例將越來越高。

食餘都是有機物質，科學家研究食餘至少有一百年以上的歷史。住在新北市石門區的劉力學是我的老同事，二十五年前他就擁廚餘種植有機蔬菜，可以說是這個領域的先行者。但是處理食餘最大的困難是規模放大不易，因為收集成本高，供應不穩定。美國前副總統高爾的創投基金曾投資Harvest Power，這家公司前後籌集了兩億美元資金，準備在各地設廠，將食餘或其他生物垃圾轉換成天然氣及營養土，它若能成功地證明經濟績效，一定會造成可觀的連鎖反應。

惱人的生產附帶產物

在經濟活動的生產週期裡，投入和產出之間必然遵守物質與能量守恆，伴隨著有經濟價值的產品產出，總是有一些沒有經濟價值甚至負經濟價值的附帶產出。例如具有毒性的廢棄物、含有化學品的廢水或廢氣便是負經濟價值，CO_2 目前是零價值，在碳交易的制度下卻是負值，木材廠的木屑，電子工廠的下腳料則視狀況而定，也許還有少許的正經濟價值。

這些附帶產出都是過剩物質，如果一項創新能夠將這些過剩物質的負值變零，零值變正，正值加大，而且增加的價值高於轉換成本，這個創新便肯定具有商業價值。

除了過剩的物質之外，也可能有過剩的能量。例如許多化學、鋼鐵、或生質能工廠裡，經常會產生出過多的熱量，高溫的熱能容易回收，低溫則較為困難。新竹工研院便開發出一個技術能夠將較低溫的熱能轉換為電力，其市場前景值得期待。

以上只是舉例說明，並非窮舉。用意不是介紹，而是激發想像。以稀少性為前提的經濟發展，創新的主軸是無中生有，由少變多，結果造成了過剩的現象。以解決過剩問題為目標的創新，主軸是由多變少，最好還能從有變無。無可否認，稀少性經濟在整體經濟活動中將持續扮演主角，處理過剩只是撿場，但這個撿場恐怕要扛起越來越多的戲份，否則主角戲也唱不下去了。

{ 讀後想像 }

★ 大量生產導致了物資過剩，同時也造成了環保問題，為解決此一難題，環保產業也成為一門好生意，可是為什麼在綠色產業中沒有像鴻海、台積電這樣成功的大型企業呢？現在沒有，將來有可能嗎？

★ 全球的資源不僅患寡，更嚴重的問題在於分配不均，關於分配的問題，應該透過經濟手段還是公共政策來完成？

★ 稀少性永遠會扮演經濟活動中的主角嗎？資本主義社會感受到資源有限，因此稀少顯得如此珍貴，但若是加入社會主義的思想，資源因分享而創造價值，稀少是否不會再佔據眾人目光？

07.

開放智慧財產的天空

智慧財產權對於創新到底是阻力，還是助力？
其實「高築牆、廣積糧」是智財大國的戰略，
在這種贏者全拿的智財遊戲規則裡，
小公司如一般新創公司或小國如台灣絕對佔不到便宜。

行情如日中天的特斯拉電動車（Tesla Motors）公司CEO馬斯克（Elon Musk）在2014年6月12日丟出了一顆深水炸彈。在智慧產權當令的時代，所有的高科技公司都在「高築牆、廣積糧」，努力累積智慧財產，阻擋競爭對手進入競技場。馬斯克卻公開宣稱：「今天，我們把掛在大廳牆上的專利證書全拿了下來，基於開源運動（open source movement）的精神，任何人只要誠信善用特斯拉的專利，我們絕不會興起侵權訴訟。」

就在馬斯克宣布前半個月，法庭宣判蘋果和三星兩大手機品牌纏訟三年的專利官司，三星敗訴，應賠償蘋果一億兩千萬美元侵權傷害。此案廣受全球矚目主要因為兩造都是國家級公司，其實專利訴訟已是現代經營者的日常功課，以美國為例，2012 年的專利訴訟首次超過五千案，較 2011 年成長了 30%。

在這種動輒興訟的時代裡，特斯拉雖然在電動車市場遙遙領先，但傳統汽油車大廠仍然四面環伺，馬斯克不以專利為交換籌碼，卻主動放棄訴求的權利，這豈不是開門揖盜？

至少股民大眾為馬斯克此舉大鼓其掌，二十天內股票居然漲了 15%。

智慧財產權對於創新到底是阻力，還是助力？馬斯克這次出招又把這個陳年議題帶回到科技論壇裡。

福特汽車的專利戰

汽車發展史上，有一件著名的專利訴訟案件改變了汽車工業發展的走向。1895 年一位業餘發明者喬治．塞爾登（George Seldon）取得了一項引擎專利，他別出異想，成立了一家專利授權聯盟（Association of Licensed Automobile Manufacturers，ALAM），並且成功說服了三十家汽車廠商加入，包括最大的汽車公司 Winton。當時亨利．福特（Henry Ford）剛離開愛迪生公司不久，一心投入正在發展中的汽車產業，但是兩次創業兩次失敗，第三次成立了福特汽車公司。設計完成後，本想申請加入聯盟，無奈受到拒絕，他只好修改設計然後投入生產，上市後居然廣受市場歡迎。

毫不出人意外，ALAM 聯盟隨即在 1903 年向福特公司提出控訴，福特也不惜背水一戰，經過八年抗戰，在 1911 年得到全面勝訴，福特 T 型車也由此開啟了工業史上大量生產的時代。

馬斯克不是福特，但他們面臨的環境卻出奇的相似。兩人在汽車產業都是後生小子，羽量級的大衛面對重量級的歌力亞，不能力勝，只能智取。其次是百年前後，汽車工業都在面臨典範轉移的關鍵時刻。

在福特創業的年代，電動車其實比油動車更為流行。部份歸功於福特大量生產的技術，油動車成本大幅降低，終於將電動車逐出市場。馬斯克則看到化石燃料時代遲早會進入尾聲，汽車的前途必須依賴再生能源，電動車能早一天進入主流，減少人類對化石燃料的依賴，地球生態受到的衝擊越小。

從充電規格看平台競爭

電動車要能夠成為主流有兩個關鍵，一是高容量低成本的電瓶技術，二是密布成網的快速充電站。

然而現在全球共有三種快速充電的規格，一是日系車廠主導的CHAdeMO，其次是歐美八大車廠共同制定的SAE DC combo，第三則是特斯拉獨有的Supercharger。如果這三個標準僵持不下，將來的市區裡可能有三種不同的充電站，或者是一家充電站裝置了三種充電插頭。

電動車的快速充電方式是否能「書同文，車同軌」，對於汽車產業、特斯拉公司和消費大眾都是重大的關鍵問題。馬斯克這次放棄專利訴求，從另一個角度來說，也是企圖將特斯拉的競爭利基從產品的層次提升到平台的高度。

當時特斯拉在台灣沒有銷售，也沒有主要零組件供應商，無怪乎當年馬斯克開放專利的新聞，在台灣似乎沒有受到太多的關注。其實台灣如果未來還想在全球科技產業和知識經濟裡佔有一席之地，無論業界或政府，都需要建立智慧財產權的戰略觀點。

綜觀全球技術授權總產值每年約 1000 億美金，其中美國佔 40% 以上，僅 IBM 一家公司每年技術授權金收入即高達 10 億美元，而台灣則是技術淨輸入國，一年對外繳付的技術權利金約計 1400 億新台幣，比 2013 年國家研發經費 932 億還高出 50%。

有人說三流的公司靠產品競爭，二流公司靠品牌，一流公司靠平台。台灣處於全球科技版圖的邊緣區域，想要玩自有平台的競爭遊戲，恐怕是說食不飽；在尖端科技研發上縱使力爭上游，也有現實中難以克服的困難。雖然台灣政府曾在 2012 年底公佈「國家智財戰略綱領」，但目前似乎仍停留在綱領階段，沒見到太多具體措施。

其實「高築牆、廣積糧」是智財大國的戰略，像美國這樣的技術大國每年有如此高額的技術授權金進帳，自然能夠負擔更多的資源投入尖端科技（廣積糧），也更加矢志捍衛智慧財產的權利（高築牆）。在這種贏者全拿的智財遊戲規則裡，小公司如一般新創公司或小國如台灣絕對佔不到便宜。

台灣的智慧財產戰略

處於這樣的境況，台灣的智財戰略不妨逆向思考，這裡姑且借箸代籌一番。

一、其實國際間許多有遠見的科技人士對於大公司壟斷智慧財產的趨勢甚不以為然，這是開源運動的原始動力，自 Linux 開始，開源運動已經有超過十五年的歷史，任何先進的領域幾乎都有開源技術可供免費使用，像是資料庫、大數據、機器人，手機、網路通信協定等。開源程式提供原始碼，是學習最好的工具，由於利用群眾智慧來除錯、維護、升級，其功能和穩定性還超過同類的非開源的程式。例如

OpenStack（伺服器）、Apache、Hadoop（大數據）、Android（手機）、Open Daylight（軟件定義網路），幾乎已經成為業界的標準。

台灣應從高等教育開始便廣泛教導使用開源軟件，鼓勵玩家參與開源社群，並且積極回饋。既然台灣無力建立自己的平台，不如投入草根式的開源陣營，一群大衛個頭雖小，擊倒歌力亞的機率自然較一個大衛高了許多。

二、台灣的學研單位年度經費，額度還不到 IBM 公司研發經費的一半，更大的問題是跟產業嚴重脫節。科技部每年通過兩萬多件學術研究計劃，多是技術供應面（教授學者）產生的計劃，少有來自技術需求面（產業）要求的計劃。這麼大的落差，正是 2014 年的科技部張善政部長坦承「科技部有罪過」，做不好，「學術界應該切腹自殺」的背景因素。

要扭轉這樣的趨勢不難（至少概念上），只要科技部每年提高需求面引導的研究專案的成數，直到某一比例為止（例如 60% ？）。至於如何定義何謂需求面引導的計劃？可以由產業界出題目，學術界接招，或者效法美國 DARPA 組織由巨觀著眼，了解台灣產業競爭優勢以及世界的潮流，界定台灣需要的關鍵技術，再由產業界背書，然後聯合學術界共同開發。

研發成效也不必以論文發表或專利申請為衡量，而在能否真正解決問題，產生具體的商業價值。

認真想想，以台灣的資源和世界經濟競爭環境而言，智慧財產如果不能解決實際的問題，所謂財產不過是幾片紙張而已。

三、由於國家政策強調創造智財，活化學界既有智財，再加上成功大學 2012 年一筆四億新台幣的授權案例，引起其他大學起而效之，這幾年各大專院校對於智慧財產移轉或授權紛紛設定績效目標。

這種積極的政策可能產生幾個副作用。首先是智財沒有市價，也難以有效公開招標，再加上同樣的智財，國外業者認可的價碼較國內價碼高出三至十倍不足為奇，因此許多稍有價值的智財往往流出國外，收入雖較國內授權為高，卻可能比國際慣例為低。

第二個副作用是：為了鼓勵教授發展智財，許多學校多以利誘，技術授權的收入，教授的分成可以高達六、七成，導致許多教授在授權和創業的兩相選擇下，寧願將技術授權給國外廠商，金額既高，自己分成比股票為多，又可省卻創業的種種艱辛和風險。

降低這些副作用的一種方法是成立智財交易所，集中大專院校的智財授權功能，由此而逐漸建立健全的智財市場機制，累積智財授權的洽商能力和談判經驗。同時簡化教授創業的層層障礙，鼓勵「學而優則創業」的風氣。

觀察智財保護與創新的因果互動關係，其實保護越周密，受到鼓勵的越容易是維持性創新（sustaining innovation）；在維持性創新上嚐到越多甜頭的組織，越不容易產生破壞式創新（disruptive innovation）。

一向只從事破壞式創新的馬斯克便如此宣言：「技術領先地位不靠專利……，開放特斯拉所擁有的專利，不但沒有消滅、反而強化了特斯拉……」。

如此開放的天空，不知道是否可以鼓舞台灣的創意人、創業者？

｛讀後想像｝

★ 特斯拉率先開放其公司之專利，真的對公司經營有長期助益嗎？為什麼其他公司沒有跟進？

★ 近幾年來台灣也一直在強調智財權的問題，但仍有多數來自於學校研究。紙本上的創新也是創新，但要如何鼓勵做出來？

★ 智慧財產權對於創新是阻力還是助力？如果是阻力，為什麼台灣要推動智慧財產權？如果是助力，為什麼在大力推動之下，台灣競爭力似乎沒有起色？

08.

在完美壟斷與自由競爭之間

追求創意型壟斷，大丈夫當如是也。
但弔詭的是，這個策略不能大量複製。
即使世界上所有的創業者、投資人都師法提爾的建議，
也不可能產生更多的創意型壟斷企業，
因為在任何領域裡，只會有一個壟斷者。

我記得十幾年前彼得．杜拉克在世的時候，一位記者問他對微軟壟斷 PC 市場的看法，他毫不擔心微軟坐大。所謂絕對的權力造成絕對的腐化，他認為一個公司若是壟斷市場，一定會逐漸顢頇自大，最後一蹶不振。杜拉克不但口中這樣主張，還以行動證明，訪問前不久，剛把手中持有的微軟股票全部清了倉。

後來證明杜拉克對了一半，微軟的業務並沒有一蹶不振，但是它的股票表現多年來長期低迷，近幾年才有點起色，回到十五年前的水準。

壟斷和競爭這兩股力量水火不容，市場經濟的正字招牌是自由競爭，因為競爭可以提高企業經營效率，較多的競爭者也提供消費者更多的選擇。壟斷則適得其反，壟斷市場的企業將日形臃腫，效率降低，產品或服務品質下降，消費者卻別無其他選擇可以投奔。

壟斷：從禁忌到嚮往

從市場運作效率的角度，競爭勝於壟斷。但從經營策略來看，所有的經營者都企圖脫穎而出，甩開競爭者的尾隨。競爭理論大師麥克波特主張企業應該深挖護城河，鞏固陣地，最好能不戰而屈人之兵，也是同樣的道理。

所以壟斷可以暗地期望，卻不能明裡追求。直到矽谷 Paypal 黑手黨的教父彼得・提爾（Peter Thiel）出版了他的第一本書《從 0 到 1》[1]，才語不驚人死不休地公開主張：公司要得到最大的成功，就必須壟斷市場。

當然提爾追求的壟斷不是透過政府保護或者惡性競爭，來排擠出

註 1： 中譯版《從 0 到 1：打開世界運作的未知祕密，在意想不到之處發現價值》（*Zero to One: Notes on Startups, or How to Build the Future*），天下雜誌出版，2014 年 10 月。

其他競爭者。他以谷歌、臉書、推特為例，這些公司都有它們獨特的創意，創造了一個嶄新的市場，加上一流的執行能力，終於形成絕對優勢，市場中無人可以挑戰。

彼得・提爾稱這種壟斷為創意型壟斷（creative monopoly）。谷歌搜尋在美國市佔率 68%，歐洲卻高達 90%；臉書在美國每一百位人口，就有六十個臉書帳號；推特更是只此一家，別無分號。這些公司因為具有這樣的絕對優勢，自然能夠賺取超額利潤；有了超額利潤撐腰，就不必跟其他競爭者打泥巴戰；有了充分資源繼續創新，便可以增加產品或服務的價值，最後消費者依然因壟斷而受益。

這就是提爾提倡創意型壟斷的邏輯，跟杜拉克唱衰壟斷的邏輯正好背道而馳。

彼得・提爾跟他的 Paypal 黑手黨一幫人這十五年來縱橫矽谷創業圈，他們的成功絕不是靠運氣。臉書、推特、Yelp、Youtube、Palantir、特斯拉、XSpace、Airbnb，這些顛覆傳統、劃新時代的公司，這幫人無役不與，不是創辦人，就是投資者。提爾既然身為教父，他對於競爭和壟斷的看法，值得我們留意和反省。

但是讀了彼得・提爾的論述，一面痛快淋漓，一面也冷汗連連。

在彼得・提爾的心目中，創意壟斷才是一種完美的經營模式，它跟一般壟斷不同，因為它能不斷超越自我，持續提供獨有的價值，同時由於市場有典範轉移的風險，壟斷市場的企業仍然戰戰兢兢，不敢時刻鬆懈。以谷歌為例，從公司一創立便企圖站在道德的制高點：不做邪惡之事（Don't Be Evil），加上屢屢讓人驚嘆的創新：谷歌眼鏡、無人車、及最近的癌症研究，在在都顯示谷歌雖然穩居市場龍頭，但努力不懈一如任何新創公司。

但是壟斷終究是壟斷，正如提爾提到的 80/20 原則，壟斷者得到的利潤將比所有其他同業的利潤總和還高，這是標準的贏者全拿。因此壟斷必須有外力來節制，否則 1% 與 99% 的對立，勢必更加嚴重。正如政府的運作需要靠民主制度，不能寄望明君，大型企業的營運也需要有外在法規來規範，不能完全信賴公司的自律自發。

這是為什麼德國對谷歌提出反托拉斯訴訟的背景因素。

創意型壟斷需要客觀條件

追求創意型壟斷，大丈夫當如是也，但弔詭的是，這個策略不能大量複製。即使世界上所有的創業者、投資人都師法提爾的建議，也不可能產生更多的創意型壟斷企業，因為在任何領域裡，只會有一個壟斷者。

而且在這追求壟斷的過程中，強者愈強、弱者愈弱的馬太效應非常明顯。提爾投資的新創公司多是強者，它們增加一分勝算，其他人便減少一分贏率。

因此值得我們思考的是：如果台灣的創業者採取彼得・提爾的建議，是否能夠增加成為創意型壟斷企業的機率呢？

恐怕困難重重。

要能成為提爾心目裡世界級的壟斷企業，除了創業者的主觀企圖外，還需要許多客觀條件的配合：

- 必須是一個足夠大的題目，具有廣大的市場腹地
- 對這個問題提出的解法，要比其他的解法強十倍
- 資金來源充沛，而且願意耐心等待，寧可犧牲短期現金流，也要追求未來更大的報酬

全世界符合這些條件的新創公司並不多，而且多數誕生在矽谷。前面數說的那一長串提爾投資的公司，全部座落於矽谷並不是沒有原因，就以資金來說，全美國的創投投資，矽谷這方圓百里之地，居然佔了總金額的 40%。

如果德國沒有世界級的壟斷企業（彼得・提爾來自德國），如果英

國、法國、以色列、日本、韓國都沒有，那麼我們如何能期望台灣可以採用提爾的成功方程式，打造出世界級的壟斷企業呢？

事實上，台灣的問題是困陷在另一個極端。

放任自由競爭終將造成紅海

台灣似乎對於自由競爭有一迷信，不知道政府是否認為這是最有效率的經濟發展方式，是缺乏整體規劃的遠見，還是從來未能建立總量管制的政府威信，總是將市場開放到所有競爭者無利可圖，欠缺資源持續創新，最後回到殺價競爭的老路。

例如：全美國只有四家無線電網，兩大兩小。而台灣人口不到美國7%，有什麼理由需要六家無線電網呢？

類似的浮濫不可勝數。接近百家的有線電視台，140 家的育成中心，155 家的大專院校，34 家本土銀行，再加上不計其數、同質性極高的夜市、民宿、咖啡館、烘焙店，這塊餅本來不大，人人拿刀來分，每人能分到多少？

市場有胃納，系統有最佳參數，如同台北市需要多少輛計程車，台灣需要多少美髮院，大約有個定數。在合理的競爭下，大家都樂意遵守遊戲規則，競爭如果過度，生存第一，只好使用不入流的手段。

台灣各個行業一味追求 cost down，而非 value up，價格上不去，品質必然日益滑落，薪資也只好往下走。例如最近幾年的各種作假、魚目混珠的食安問題，是道德與經營環境同時向下沉淪、惡性循環的自然結果。

就整體而言，海峽對岸的中國在道德和理念上也許跟台灣還有一些距離，但在經營一個合理競爭的環境上，中國政府的政策有許多值得我們借鏡的地方。

中國政府對重要的企業，一面大力保護，一面鼓勵競爭，維持了一個特殊的市場秩序，姑且稱之為寡頭競爭（不是寡頭壟斷）。例如在移動通訊的領域，多年來中國一直維持中國電信、中國移動、聯通三家公司鼎足而立的局面，還曾經將三家公司 CEO 來了個大風吹，互換公司當 CEO，這樣的安排可以說是前所未聞，但是讓彼此競爭較勁的含意不言可喻。

在各個領域，大陸都用類似的思維來佈局，固網有中國電信、中國網通（後來被併入聯通），電力有南電、北電，銀行業有四大銀行，航空界也有中國民航、東方、南方航空三大航空公司。

自從中國積極發展高鐵後，有關高鐵的技術和競爭力也大幅提高。中國南車和北車集團是兩家製造鐵道和地鐵機車設備的兩大廠商，2014 年底，波士頓地鐵局宣布中國北車集團獲得四億美元的機車及車廂訂單，雖然這已經証明北車競爭力已有國際水準，但中國政府隨後宣佈合併北車和南車兩家公司，以進一步增加競爭力，好跟國際大廠如德國西門子一較長短。

尋找企業存在的理由

對台灣而言，提爾式的創意壟斷求之而不可得，紅海式血流成河的自由競爭絕非長久的出路，像中國大陸一樣有效宏觀調控似乎又無可奢望，也許真正還能有一些掌握的是回到創業者本身。

正如彼得·提爾在書中所主張的：一個新創公司最強而有力的武器是擁有一個嶄新的想法，與眾不同的創意。創意是公司存在的原因，價值是公司生存的理由。創業家有如一位藝術家，而不是工匠。藝術家沒有藍圖，他的作品不屑於與人雷同，更不用說抄襲。

絕大多數的藝術家不會成為畢卡索，但也有各自的愛好者和價碼。對台灣的創業者而言，只要敢於不同（dare to be different），創業無論大小，總是能在市場上找到一個進可攻、退可守的利基。提爾鼓吹的創意式壟斷，壟斷，可遇不可求，創意，才是我們最寶貴的功課。

{讀後想像}

★ 政府政策對企業產業的影響往往一體兩面，政府既然不可能鼓勵壟斷，難道不應該大力鼓勵競爭嗎？

★ 台灣企業的競爭方式多從降低成本及代工的思維中去進行，為何我們在許多先進與良好的技術中不能累積出國家的產業競爭力？

★ 台灣或中國的國營企業是否有可能成為創意型的壟斷？

09.

從馬太效應思考台灣的科技發展

**認清現實，不是認輸，而是擬訂有效對策的第一步。
如果認定馬太效應在科技領域中明顯而難以逆轉，
而且同意台灣有限的資源不足以急起直追，
也許大家可能更容易達成科技發展的共識。**

窮人與富人有什麼差別？窮人醒的時候拚命工作賺錢，晚上呼呼大睡，早上醒來，迎接又一天的工作，以時間換取生活所需。富人呢，即使晚上睡著後，他的錢還在不斷幫他累積財富。結果當然是：富者愈富，窮者愈窮。

聰明的人上一流大學，遇見聰明的伴侶，找到一份待遇優渥的工作，結婚後生下聰明的小孩，請最好的家教，長大後果然如願上了頂尖的大學。

這種正反饋循環（positive feedback loop）處處可見，也是造成了現代 M 型社會、資本主義贏者通吃、有與無（Have and Have-not）兩個社會階層難以逾越的原因。

美國社會學者莫頓（Robert Merton）在 1968 年一個知名的研究裡，將這種現象命名為馬太效應（Matthew Effect），典故出於聖經馬太福音的一段經文：「凡有的，還要加給他，叫他有餘；凡沒有的，連他所有的也要奪去。」（當然，僅閱讀此段經文有斷章取義的風險。）

各種領域裡的馬太效應

舉凡生物、經濟、政治、教育、社會各個領域，都可以觀察到馬太效應，它雖是一個廣泛的現象，卻不是鐵律，因為它並不是不可逆轉的。

在生物界，物種的繁殖本身就是馬太效應的現象，某物種數目越多，後代越興旺，因為繁衍本來呈等比級數成長。所幸生物界自有其負反饋循環的制約，數目過多時，生存條件匱乏，馬太效應失靈，此物種的數目自然發生逆轉。

某些物質生活上，馬太效應也可能達到飽和點。例如數位鴻溝（digital divide）雖然初期會擴大，但隨著生活水準普遍提高，成本降低，鴻溝必然越來越窄，就好像現在家家都有電視機、電冰箱一樣。

許多社會或經濟領域的馬太效應現象，常需要政治力量的介入，才能獲得些許舒緩。例如累進稅率、高遺產稅、社會福利、平等平權等，種種訴求社會正義的政策，著眼點都在扭轉馬太效應造成的傾斜。不過在民主制度緩慢而謹慎的步調下，其逆向效果往往不足以撼動馬太效應。

因此在非民主國家，另一個可能性便是革命。革命有如洗牌，原有的經濟優勢、政治勢力歸零，牌局重新開始。不過革命的社會代價太大，毛澤東以他自己的經驗，就曾經給過一個忠告：革命可不是請客吃飯。

另一種扭轉馬太效應的力量是「典範轉移」，尤其在科技界特別常見。例如汽車的發明，推翻了鐵道公司累積的資源，電動車的誕生，又攪亂了傳統汽車的生態秩序；蘋果 iPhone 的流行，打破了 Window 的獨霸局面，Android 推出後，又成為 iPhone 最大的威脅。

因此每一種新的標準剛誕生時，市場先行者剛出現，馬太效應都曾經為它的崛起推波助瀾，但當典範轉移時，原來的領先者所積累的優勢反而可能成為它的包袱。

科技發展領域的馬太效應

思考台灣未來科技發展的方向，馬太效應可以給我們什麼啟示？

首先該問的第一個問題是：在科技領域中，馬太效應的現象多麼顯著？其次：跟科技先進國家相比，台灣相距多遠？可有縮減差距的機會？最後的問題：台灣該如何因應？

科技領域裡，領先的國家具有幾個優勢，使得落後國家即使緊追在後，往往也只能望其項背。

正如《槍炮、病菌與鋼鐵》[1]的作者賈德·戴蒙（Jared Diamond）所說：「科技衍生更多科技（Technology begets more technology）。」科技能夠開發出更有效率的工具，有效的工具進一步縮短了開發新產品或新工具的時間，循環累積，少數幾個先進國家便把其他國家遠遠拋在後面。

現成的例子是美國半導體的早期領先，成就了美國半導體設計軟體（EDA）的產業，結果目前半導體設計軟體產業幾乎由美國獨霸，其他國家難以染指。硬碟產業，亦可作如是觀。

其次，科技一如探險，機會總在已知與未知的邊界。走在科技的前疆，不但最先看到機會（新大陸），也觀察到許多尚待解決的問題，

註 1： 中譯版《槍炮、病菌與鋼鐵：人類社會的命運〔20 週年典藏紀念版〕》（*Guns, Germs, and Steel: The Fates of Human Societies*），時報出版，2015 年 6 月。

這是落在其後的追隨者難以享受的風景。我們觀察矽谷一路從網路、互聯網、雲端運用，到現在的海量資料，一波一波新創公司橫空出世，便是這個原因。

科技發展卻又跟探險不同。第一波探險者發現新疆域後，第二波屯墾者隨後即至，彼此相互依存、相安無事。但在知識經濟掛帥的時代，發現便是佔有，只要申請到專利，發明者可以要求完整、無須分享的所有權。科技的追隨者即使僅僅落後一步，也只能望塵興嘆。

科技先進國家佔盡這些優勢，累積了許多資源，有如站在高大巨人寬廣的肩膀上，繼續向前，結果佔領更多的科技疆土。這個場景，是馬太效應最佳的描述。

人才與經費的對比

更令人憂慮的是：前述種種逆轉馬太效應的力量，在國與國競爭的科技領域中多半不存在。

科技發展沒有上限，沒有飽和點，永遠有新的領域有待發現，也沒有負回饋循環以為制約。國與國間忙著鞏固各自的競爭優勢，以科技為貿易戰爭的武器，既沒有動機、也沒有機制以政治力量干預馬太效應。至於革命嘛，國與國之間的革命其實就是戰爭，科技落後國家哪有贏的機會！

唯一能夠扭轉科技領域中馬太效應的力量，大約只有典範轉移。可惜這股力量只能蓄勢以待，難以操作。

台灣自然不算科技落後國家，但也絕非領先國家。台灣跟美日的科技差距有希望縮小嗎？

根據美國的專利報告，2012 年中台灣所獲得的專利數排名第五，不可算不高，卻仍然只有美國的 8%，日本的 20%，如果考慮到專利的含金量，其間懸殊必然更大。在科技的智慧財產疆域裡，最肥沃美好的土地，大約都被捷足先登，台灣力所能及的，往往是偏鄉瘠地。

以人才而言，美國向來匯集世界英才，2012 年又通過 STEM 就業法案，鼓勵擁有科技和工程高等學歷的外國留學生，學成後留美就業。相對於美國以爭取人才強化其世界科技領先地位，台灣還攪和在雞排博士論爭的漩渦裡，人才已經不多，又沒有適當的舞台可以施展，如何能夠縮短跟先進國家的差距呢？

如果談到經費，可能更讓人氣餒。2013 年台灣一年政府編列的科技發展經費為 972 億新台幣，小於史丹佛和加州柏克萊兩所大學經費的總和（美國人事成本雖高，單位成本的輸出卻可能不遜於台灣）。而如史丹佛、柏克萊大學之類的學府，在美國至少還有五十所之多，加上 Stanford Research Institute、Lawrence Lab、Argonne Lab、JPL 等數十所國家級研究院，資源對比如此懸殊，哪能期待台灣可以輕易拉近科技水準的落差呢？

認清現況，擬定方案

認清現實，不是認輸，而是擬訂有效對策的第一步。如果認定馬太效應在科技領域中明顯而難以逆轉，而且同意台灣有限的資源不足以急起直追，也許這時候大家可能更容易達成以下的共識：

一、台灣在基礎研究上應該花費最少的資源，僅求緊密跟隨，而不求突破（目前基礎研究大約佔國家科技預算之 15%，可否更少？而如果其他 85% 的經費都花在應用研究，為什麼好像未見太多具體成果？）。

二、認真思考台灣科技發展的目的與價值。以台灣有限的科技經費，不如跟蹤前沿技術，將其導向應用，並進一步將其完善，產生具體的商業行為（例如創業或授權）。

三、在這種思維下，學研界的關鍵績效指標（KPI）應該重行考量。目前以科學引文索引（SCI）和工程索引（EI）期刊發表來衡量學術研究水準，這樣一個簡單、表面的量化指標，其實多年來嚴重誤導了國家的研究資源，取而代之的應當是能夠反映研發實際應用成效的關鍵績效指標（但許多學校努力增加技術移轉授權收入，也是另一個過度簡化的關鍵績效指標）。

四、學術界與產業界相互間應當建立流暢的旋轉門，產業人士有正式管道到學術界任教，分享應用場域的現況，接觸新知，學者專家也可借調到產業界，不但學以致用，進而可以發現更多的研發題材。

五、學研界與產業界應當密切分享資源、激發研發創意。由解決實際問題下手的研發，才會是最有效的研發。

六、隨著以上各種思維和制度的變革，當然學研界人士的評等、考核、激勵等制度也必須隨之調整。

七、一味盲從潮流不能追趕上領先者。反之，淡定地選擇自己的方向，謹慎而有效地使用資源，也許更能掌握另一個典範轉移的契機。

以上幾項建議，許多學者專家也曾多所討論。之所以未能形成共識而付諸行動，自然是因為各方意見不一，或是阻力太大，或是等待可行的代替方案。如此因循而積重難返，難免又讓馬太效應佔了上風。

{讀後想像}

★ 為何在知識經濟的時代，會有「發現便是佔有」的現象？難道不應該是「發現便是分享」嗎？

★ 科技發展真的沒有上限？沒有負回饋循環嗎？近幾年企業發展強調CSR，甚至開始說起綠色經濟，反思大自然環境會反撲，若我們只懂得消耗這些自然資源，當我們忙著以科技發展為領頭羊而忽略其他社會價值，終有一天大自然和社會的負回饋會開始啟動的。

★ 馬太效應在今天資源流通的現代可能不是如此主導性的存在，若認定它難以被逆轉而不求突破，那不就是宿命論嗎？如果創新能超脫抄襲改善，產生真正的原創，難道不能逆轉馬太效應嗎？

實力 4

制度力

制度啊制度，請打開創新創業的大門

01.

最有槓桿效果的創新——制度創新

台灣近年鼓勵各種創新，
不要忘了制度的創新能夠打造一個孕育創新的環境，
是一種槓桿效果最佳、最能產生連鎖效應的創新。

美國最近幾年天災人禍的壞消息接二連三，超級大國的光環似乎逐漸在褪色，然而 2013 年 3 月中的《經濟學人》卻慧眼獨具，指出美國的競爭力正面臨前所未有的擴張階段，其中最根本的原因是美國政府（特別是地方政府）不怕嘗試，勇於創新。

美國的創新不只在技術或產品，更重要的是制度的創新。雖然民主共和兩黨嚴重對立，國政甚至為之癱瘓，但在許多為國興利的制度上，兩黨往往能夠存異求同，跳脫抗爭的思維，攜手草擬一些重要的法案。

募資平台圓夢，動員群眾資源

互聯網技術解放了群眾的力量，水可以載舟可以覆舟，群眾有理性也有理盲，許多新穎的商業模式大膽地選擇相信群眾的智慧，例如群眾外包（crowd sourcing）或群眾募資（crowd funding)，動員群眾廣大的資源，發揮了前所未見的力量。

所謂群眾募資是一個網路平台，任何個人或公司可以透過這個平台向公眾發行股份，或是預售尚未開發的新產品，甚至於徵求對某個瘋狂點子的金錢捐獻。

美國從事群眾募資的網站超過百家以上，其中最受到矚目的是 Kickstarter，這家由創投支持的公司成立才四年，2012 一年之間 200 萬人參與了近兩萬項計劃，贊助的金額超過 1 億美元。

最為人津津樂道的是 Pebble Technology，創辦人大學畢業沒幾年，設計了一隻手錶來顯示手機上的簡單資訊，但因為創投者普遍不喜歡硬件公司，他四處碰壁走投無路，只好透過 Kickstarter 訴諸群眾，結果短短 37 天的時間內籌集到破紀錄的兩千萬美金。就在 2013 年 4 月裡，有一位導演在 Kickstarter 宣布準備開拍一部電影，一天之內，數千人用荷包喊讚，募集金額居然衝破了 150 萬美元。

不難想像，這種向公眾募款的商業模式，很難杜絕惡意的欺詐和非惡意的背信。以防弊的觀點來看，這些網站可能產生的問題層出不窮，但是美國國會議員在 2012 年就通過了《Jumpstart Our Business Startups Act》（簡稱 JOBS），以立法來實際鼓勵這種具有前瞻性的商業模式。

台灣也有從事群眾募資的公司：「flyingV」以及「嘖嘖」。但願台灣版的 JOBS 法案也能早日出爐，到時候，有創意的夢想家多了一個資金管道，文創計劃也能像農產品一樣契作，待開發的新產品可以透過預售收集客戶反應，甚至於大家最憂心受到財團操控的媒體，也有可能找到一條新的「獨立」之路。

台灣是孕育社會企業的沃土

二十一世紀移民已成為全球性的國際問題。美國以移民立國，因移民而強國，但在國土安全和失業率高居不下的陰影下，移民政策是政治人物最不討好的議題。

然而兩黨也清楚知道，人才為競爭力的根本。2013 年 4 月由兩黨「八人幫」推出的草案中，一邊降低親屬移民的比例，一邊提高技術移民的名額，並且建立點數制度，學歷越高、經驗越豐富、美國欠缺的科技人才，越有優先機會取得長期居留的身份。

台灣國情自然跟美國不同，但在移民政策上似乎一向以人道和國安為主要考量，人才為次要因素，如果能夠學習美國，建立總量管理的機制，宏觀調控移民的成分結構，移民不必只是社會的棘手問題，也可以是注入國力的新血，用這種開創性的思維來整體考量移民政策，豈不是化被動為主動？

近來社會企業在台灣獲得朝野極大的關注，施振榮先生甚至稱之為「人類文明永續發展的一項新機制與新引擎」。的確，社會企業可能是發明公司組織四百年來最重要的組織創新，美國已有半數以上的州完成或正在立法，成立所謂公益公司（Benefit Corporation）的新型法人。公益公司迥異於傳統公司以追求股東最大利益為目的，也不同於基金會以捐贈為收入主要來源，公益公司有其股東利益之外的公益使命，又以企業方式經營，因營利而能永續經營發展。

台灣充滿愛心，義工人口比例傲視周圍國家，是孕育社會企業的沃土，訂定社會企業公司法可以具體結合愛心、人才與資金，是發展社會企業的正式起跑點，可惜台灣公部門的行政和立法單位似乎對社會企業的精神還未能充分掌握，仍在摸著石子過河的嘗試階段。

以上三個的制度出發點都在於興利，不涉及意識形態。美國能，台灣有何不能？

只是興利和除弊、防弊是兩套不同的思路，興利就不能害怕流弊，有如銀行放款，壞賬並不可怕，只要預先提列適當的壞賬準備。要興利，不妨預留對流弊的承擔力。可惜台灣政治氛圍似乎在設計制度時過度著眼除弊或防弊，難免因此降低興利的動機，投鼠忌器到極致，就養成了「少做少錯，不做不錯」的科員心態。

在《國家為什麼會失敗》[1]這本書裡，兩位哈佛大學教授將國家興盛和失敗的原因歸諸於制度，而非地理或文化。台灣近年鼓勵各種創新，不要忘了，制度的創新能夠打造一個孕育創新的環境，是一種槓桿效果最佳、最能產生連鎖效應的創新。反過來說，如果制度不能與時俱進，一切技術創新的成果也都將大打折扣。

註 1： 中譯版《國家為什麼會失敗：權力、富裕與貧困的根源》（*Why Nations Fail: The Origins of Power, Prosperity, and Poverty*），戴倫．艾塞默魯（Daron Acemoglu）、詹姆斯．羅賓森（James A. Robinson）著，衛城出版，2013 年 1 月。

{讀後想像}

★ 在新的法令制度沒有訂定之前，企業或新創公司可以打擦邊球嗎？ 政府對於擦邊球應該嚴格取締，還是睜一隻眼閉一隻眼？

★ 對公共部門的制度而言，民主是制度創新的阻力還是助力？如何增加助力，減少阻力？

★ 台灣剛通過的閉鎖型公司法案內容，是否真的能解決新創企業的發展困境？

02.

不要忘了還有軟創新

矽谷許多年輕人視「賣命工作，盡情玩樂」（Work Hard Play Hard）
為一種文化，一種生活哲學，更是一種能力，
只會玩耍不知工作固然令人不齒，
只知工作不會玩耍，此人必定缺乏趣味。

談起創新，一般人可能很快聯想到各式各樣令人怦然心動的新產品，或是百千種叫人目不暇給的手機 Apps，要不就是時下當紅的文創產業，這種終端用戶可以感受到的創新，多半來自技術層面的創新。

其實還有另一類的創新，雖然看不見摸不著，卻在幕後操縱著技術創新。借用軟實力與硬實力的對比，我們不妨將這種隱形創新稱為軟創新，以相對於技術層面的硬創新。

由員工影響公司

軟創新可以包括公共部門的法制、政策，民間公司的策略、管理、制度、甚至於商業模式。美國策略大師哈默爾（Gary Hamel）提出的管理創新（Management Innovation）是標準的軟創新，豐田汽車的JIT看板制度，源自矽谷而流行於全世界的員工認股期權（employee stock options）的制度，或是近幾年興起的社會企業，都是影響深遠的軟創新。

面對環境變化的加速度，唯一的因應之道是動員每一位員工，一面在各現場及時採取行動，一面充分發揮每一個人的創新潛力。要員工都能主動參與，而又不產生混亂，就必須想方設法增加同仁的共同價值感（shared sense of purpose）。

最近接觸了好幾個增加員工參與感的創新點子。

從招聘員工開始，大部份矽谷公司的應徵人員必須要經過三輪以上的面試。首先經過人事部門的篩選，即使是基層職位，在通過部門經理面試後，少不得還要經過同僚這一關。更不可思議的是，主管的職位在過五關斬六將後，往往還得通過未來下屬的評頭論足。一位谷歌的新進人員，平均需要經過六個小時的面試時間，如果新創公司人數還少，也常見一位應聘人士招架全公司八、九人同時或者輪番上陣的場面。

在處理海量資料（Big Data）市場領先的Palantir公司近幾年廣招

天下英才，當它相中一位人選後，開出的薪資條件包含三個價碼——低薪水高股票、中薪水中股票，或高薪水低股票，任君選擇。需要現金還學貸的人，可以選擇高薪低股，看好公司前景的人，也不妨犧牲短期現金，換回個更大的未來夢。

矽谷許多年輕人視「賣命工作，盡情玩樂」（Work hard, play hard.）為一種文化，一種生活哲學，更是一種能力，只會玩耍不知工作固然令人不齒，只知工作不會玩耍，此人必定缺乏趣味（解讀：缺乏創意）。不知是否自 Evernote 公司開始，越來越多新創公司的年休假沒有上限，人人自取所需，薪水照領。這樣的休假制度既暗示公司認同「賣命工作，盡情玩樂」的哲學，也將公司無限的信任交在員工手上。

透明互信，集思廣益

還有許多公司信奉透明可以促進互信互助，互相督促比上對下的監督更有效果。有一位 CEO 每個月底公佈公司在銀行的現金餘額，更罕見的是一位 CEO 藝高人膽大，連薪資也透明化，大概他認為人人知道彼此的薪水，更容易讓工作績效跟薪資掛鉤吧。

公司大了，部門之間常不知道彼此的工作。谷歌有一個制度，任何部門面臨的難題可以貼出公告，徵求各方高手集思廣益，因而傳出不少異類思考、出人意表的傑作。Evernote 的 CEO 鼓勵任何一位員工都可以申請參加其他部門的部門會議，據說不但旁聽的人得到許多收穫，部門會議常因有旁聽者而開得更有效率。

公司社會責任（Corporate Social Responsibility）已經是大部份公司的基本信念，也有許多公司將相當的主動權交到員工手上（既鼓勵個人參與，也發揮群眾智慧），允許員工用上班時間參加自己有興趣的社區志工服務，或者提供相對基金，配合員工的個人捐款。例如谷歌對個人的配合金額高達六千美元，如果谷歌五萬名的員工，每人捐助六千美元，加上公司相對基金，總金額可以高達六億美金，能夠產生的社會福利將何等可觀。

以上舉例說明的各種措施需要環境和其他條件的搭配，移植到台灣不一定可以成功，但是台灣眼前的氣氛似乎是反其道而行，公司與員工距離似乎逐漸疏遠，雙方互信的基礎剝離，取而代之的是各種的對立和抗爭，22K 之類論題的各種討論便是現成的例子。公司是擁有資源的強者，如何增加所有員工的共同價值感，強化命運共同體的感受，責任究竟在公司方，只有善用軟創新，才有一絲扭轉現況的希望。

矽谷的創新並不侷限在技術，事實上，新一代的創業者似乎都有一個認知，硬創新已經不足憑恃，唯有軟創新，才能產生更大的槓桿效果，甚至可以說，沒有軟創新打底，硬創新不會成功，即使僥倖成功，也無法持久。

{讀後想像}

★ 創新的發動可以是由上而下，也可以由下而上。對軟創新而言，從基層出發是否比較難得到高層的支持？是否由上而下比較容易發動？

★「人才」是企業創新最重要的資源，在台灣現今追求硬創新的風潮下，要如何培養軟創新的人才？

★ 創新雖然是企業生存的不二法門，但創新可能會受到組織的侷限，企業應如何透過組織文化與組織目標的改造，進而轉向軟創新呢？

03.

創新與法制，破壞與秩序

當年汽車剛問世時面臨的問題（例如車輛應該靠左還是靠右行駛），當時若沒有統一的規範，今天汽車無法成為日常交通工具。同樣的，現在若不及早規劃，無人車的願景未來也無法成為現實。

當創新的速度越來越快，攪亂一池春水的力度越來越大，對人類社會的衝擊已經從單純的經濟層面擴散到法律、規章、制度。而且波及的不只是專利法令、智慧財產權這一類知識經濟下的法律問題，連攸關尋常百姓食衣住行育樂的各種法律面向，也開始遭遇前所未見的挑戰。

近年有許多件破壞性創新與現有法制交手的案例。

從當年的汽車安全規範看無人車

例如無人駕駛車。以目前技術發展的速度來判斷，在 2020 年前無人車完全可以應付各種路況的需求，雖然多數人對於無人車的安全性有很大的疑慮，其實無人車的一個重要訴求是它可能比真人駕駛更為安全，因為根據行車肇事統計數字顯示，大部份的車禍事故都出自於人為疏失，像是酒駕、打瞌睡、查手機訊息等等各種令人分神的內在外在原因，無人車不但完全避免，甚至在緊急狀況時還能及時採取更為適當的應變措施。

加州行車監理所在 2014 年初，曾經為無人車的有關法律問題召開了一次公聽會，邀請了汽車製造廠商、消費者、道路安全專家，以及谷歌參加。谷歌一向醉心於科幻未來，是無人車最有經驗的用戶，它的自動駕駛車車隊（限於法律規定，車裡還得有真人同車，只是用電腦自動駕駛）四處蒐集地圖資訊，已經行駛了超過百萬英里。它也在舊金山灣區推出「一日便」宅配服務，雖然坐在車裡掌握方向盤的仍然是血肉之軀，但不難想見未來無人車在馬路上行駛，類似工廠自動輸送帶左右穿梭的光景。

公聽會裡眾人提出了許多挑戰當今汽車監理制度的問題：

- 無人車可以完全無人嗎？還是一定要有真人在座？
- 人可以坐在後座嗎？還是一定要坐在駕駛座？
- 有人乘坐的自動車如果發生事故，責任應該由汽車製造廠商，還是由乘客負擔？

- 如何鑑定無人車的安全程度？
- 如何確保使用者知道如何正確操作無人車呢？責任在監理所、汽車製造商還是經銷商？
- 駕駛人是否需要經過考試取得專屬的無人車駕照？
- 公路上是否需要劃分出無人車專線，跟普通車分道而行？

凡此種種大約跟當年汽車剛問世時面臨的問題相似，例如車輛應該靠左還是靠右行駛。當年若沒有統一的規範，今天汽車無法成為日常交通工具。同樣的，現在若不及早規劃，無人車的願景未來也無法成為現實。

當法規與利益衝突時

2013 年裡股票漲了五倍的電動車明星特斯拉也在法律戰線上遭遇重大挫敗。原來美國東岸新澤西州在 2014 年宣布了特斯拉電動車不得在該州銷售的規定。

美國許多州早年由於反托拉斯法的考量，禁止汽車製造商直接銷售，一概必須透過獨立經營的汽車經銷商代理銷售。在新澤西州之後，紐約和俄亥俄州也有可能跟進，禁止特斯拉在該州銷售。這些負面消息傳出後，原本一路上升的特斯拉股價隨之滑落。

從特斯拉的角度看來，透過經銷商銷售造成幾項不利因素。

首先是一部份毛利必須跟經銷商分享，其次是特斯拉一年僅銷售兩萬輛電動車，跟底特律大廠年售數百萬輛建立的龐大經銷網路根本無法抗衡，更重要的是許多經銷商賣汽車只是微利，真正細水長流的收入是維修保養。

而電動車遠比機械車故障少，維修費用低，雖然最終客戶受益，經銷商卻少了賺錢的機會，自然也減少了促銷特斯拉的動力，這是特斯拉的創辦人及 CEO 馬斯克始終堅持直銷的原因。他的堅持對公司有益，也符合最終消費者利益，卻傷害了經銷商的權益，因此四處遊說，終於以其觸犯現有法律的理由而抵制成功。

維持市場的秩序除了那一隻看不見的手之外，其實有許多類似的人為遊戲規則，越先進的國家越有許多規章制度，立法的原意總是希望保護多數人長遠的權益，雖然有時不免犧牲了部份人短期的利益。然而誰是多數人，誰是少數人，短期或長期，隨著科技發展、生活方式和社會生態的變遷，常有不同的量度。

例如在 2014 年完成了四億美金增資、市價高達一百億美金的 Airbnb（高檔旅館 Hyatt 的市場價值也不過八十億美金）想要持續快速發展，最艱鉅的任務也是如何跟各城市有關旅館業或短期房屋出租的法令周旋。

2013 年 11 月，一位住在紐約一間公寓的年輕人收到來自市政府司法單位一張高達四萬美金的罰單，因為他在 Airbnb 上出租房間的行為，觸犯了紐約市管制短期旅館的規定。

原來每一個城市對於旅館和房屋租賃都有相當嚴格的法令規章，一方面為了增加市政財稅收入，一方面為了保障公眾安全，同時也為了維持租賃市價的穩定。當初的立法自有其良情美意，但是在共享經濟的新潮流下，卻顯得格格不入。

對 Airbnb 的用戶來說，將我一間空房間出租幾個晚上，既賺些外快，又有機會接觸來自各地友善的陌生人，買賣雙方你情我願，又沒侵犯他人，何需用法律來約束？但在合法經營的旅館業者眼中，他們要符合各種安規標準，還要代政府收取住房稅，經營成本必然較高，Airbnb 顯然是一種危害公安的不公平競爭。

新與舊的磨合適應

2014 年初，推廣共乘經濟的 Uber 也吃了一記法令的悶棍。

所有大都會對於計程車都有全套管制和保護的法令。透過 Uber，任何有車的人都可以出租自己的車和時間，收取所謂的「小費」，這算不算計程車呢？如果是，自然應該接受管制，這就是西雅圖市政府對Uber 採取的基本觀點。

西雅圖的決定是對 Uber 選擇性開放，整個 60 萬人口的城市，僅允許 450 位「共乘車」司機，任一時間，只可以有 150 位在路上載客。西雅圖市政官員說，他們了解 Uber 之類共享經濟的潮流不可阻擋，但他們希望留給計程車業者較多緩衝和適應的時間。

想讓創新生根，需養秩序土壤

類似的例子不勝枚舉，事實上，創新越具破壞性，跟現存法律衝撞的機率越高，無怪乎矽谷許多新創公司除了技術和行銷之外，公司裡最重要的職位可能是法務長，負責跟政府部門溝通政策，以及策動公共意見的支持。

以上的例子遠在一萬公里以外的美國，台灣隔岸觀火，多數新創公司難以感受創新與法律的互動關係（這也間接說明台灣的創意多數缺乏顛覆性），廣大民眾多半覺得事不關己，政府部門也似乎只在袖手旁觀（雖然 Uber 和 Airbnb 都已在 2013 年進入台灣，列名 Airbnb 台北地區的民居有數千家之多）。

台灣近年來朝野大力鼓吹創新，多半焦點放在科技的開發，少數放在心態的改變，卻幾乎無人談及制度的設計。其實台灣創新的能量無法迸發，制度缺乏活力可能是最大的路障。

所謂制度便是一個社會中的法條、命令、規章，其活力呈現在制度的設計、遵守、執行、以及更新。台灣的法令不可謂不多，但是民眾不以遵守為義務（以至於 2013 年底被選出的年度字是「假」），政府無能、無力、無暇、或礙於現實無法執行（以至於清境民宿業者違法比例超過九成）。徒法而不能行，便喪失了制度存在的基本意義。

至於設計或變更制度所需要的活力，門檻更高。民主社會必須面對不同的意見，協調相互衝突的利益（這都是活力的來源），謹守尊重少數、服從多數、卻又避免多數暴力的分寸。縱觀台灣政府行政部門間的本位主義，立法部門的顢頇失能，民眾對公部門的喪失信任，以及朝野無法理性對話有效匯集意見，台灣不僅難以無中生有、設計具有前瞻性、未來性的制度，甚至連更動、微調現有的制度都難免左右掣肘，動輒得咎。

一個制度少有生機的環境，創新不僅難以著床，何況萌芽、茁壯。

創新提供破壞的能量，法律制度重建破壞後的秩序，破壞和秩序兩者相互交遞為用。只有秩序沒有破壞，一個社會難免墮入慣性，無法與時俱進。只有破壞沒有秩序，破壞的力量無法生根，造成深遠的影響。創新與法律制度之間的互動關係，可以做如是觀。

{讀後想像}

★ 創新往往夾帶著無法預知的風險，法令制度在面對這些「前所未有」的創新時，開放或不開放，應如何拿捏？

★ 追不上創新速度的法令規章往往為人所詬病，面對與日俱增的創新，制度應如何廣納異見，讓不同的聲音理性對話？

★ 以 Uber 為例，Uber 的成功，受益人是 Uber 公司團隊及投資人，受害人卻是台灣的計程車司機，受益人與受害人不在同一國家，有可能建立公平的法制嗎？

04.

增加社會流動，創造平等未來

**如果只注意不平等的靜態現實，便可能引起分食大餅的爭執。
如果注意到社會流動的未來動態可能，就變成一個公平的競賽，
各憑本事，人人都有機會。**

我們一方面努力打造一個政治經濟人人平等的社會，另一方面也鼓勵人人力爭上游，出人頭地，追求高人一等的成就和財富。

這兩個目標是否相互矛盾？

互相比較，是人性

烏托邦式的經濟平等不但不可能，也不值得追求。有人戲謔地說：快樂從哪裡來？快樂就是收入比同學高，房子比鄰居大，車子比同事豪華。這樣的快樂秘方雖然不完全正確，卻也反應了一般的人性。

以經濟能力來區分的社會階級因此會永遠存在。社會階級本身不完全是問題，因為它提供了階梯，帶動社會的進步。但若社會階級持

續朝以下兩個方向發展，必然會造成難以忍受的問題。

一是過多的社會資源大量流向上層階級，其次是社會階級開始固化，以至於上下移動困難。

前者是最近幾年來熱門的貧富懸殊問題，無論是日益增加的基尼指數，或者是諾貝爾經濟獎得主史迪格里茲（Joseph E. Stiglitz）在《不公平的代價》[1] 中抨擊的從「民有民治民享」到「1% 有 1% 治 1% 享」，都是全球關注卻還束手無策的問題。但如果把貧富懸殊的社會不平等問題（social inequality）跟階級固化難以產生社會流動（social mobility）相比，後者的後遺症更為嚴重。

社會流動為什麼重要？因為它既能激發社會成員的潛力，更能解構社會不平等的現象。

立足式的平等絕非現實，齊頭式的平等弊多於利，從任何一個時間點的靜態剖面來看，社會不平等的現象將永遠存在。但如果一個社會上各個階層可以上下自然流動，沒有人為路障，下層的人有平等的機會向上移動，上層的人除了自然慣性外沒有外在因素保證他永遠享

註 1： 中譯版《不公平的代價：破解階級對立的金權結構》（*The Price of Inequality: How Today's Divided Society Endangers Our Future*），天下雜誌出版，2013 年 1 月。

有資源和地位，從時間軸上的動態變化來看，這種沒有先天障礙的社會流動，才是現代社會可以期待、有機會建造的平等。

社會流動的障礙

中國人常說富不過三代。從前封建社會裡，政治力量高於經濟力量，中國的科舉制度是社會流動的驅動力，十年寒窗無人問，一舉成名天下知，政治地位一提高，經濟資源便隨之而來。但天威難測，皇室有更替，朝代有興亡，經濟資源可以快速累積但無法永保。就以清末的紅頂商人胡雪巖為例，從發跡到富甲全國到家破人亡，不過才二十幾年時間。

同時期的歐洲，既有歷史悠久的貴族階級，政治特權受到保障，後來又發展出公司等社團制度，個人財富得以法人化，世代間政治經濟地位的變動較缺乏活力。

因此就社會流動的角度而言，十九世紀前中國較歐洲更勝一籌。然而自從二十世紀開始，東方不斷向西方取經，尤其在世紀末後四分之一，台灣及中國採取資本主義市場經濟，經濟迅速發展，初期雖然造就了不少新富，增加社會階層間的流動，但同時財富也逐漸向高層集中。幾次經濟危機之後，失業率高漲，受害的多是社會中低階級，以至於社會流動逐漸開始放緩。

社會流動有兩個不同的時間軸，一是代際流動（intergenerational social mobility），一是代內移動（intragenerational social mobility）。

所謂代際移動指的是父代和子代社會地位的變化，上層社會裡，上一代的財富或地位，下一代不保證無條件延續，下層社會裡，上一代的貧窮和愁苦，也不會成為下一代的命定枷鎖。

而代內流動是指一個人一生中社會地位的變化，他是否擁有跟其他人一樣的機會，可以在這一代之內，向上移動（自覺高處不勝寒，甘願向下移動的人究竟是少數）。

代內流動還容易改善，代際的流動則不免受制於強大的慣性。龍生龍，鳳生鳳，老鼠生的兒子會打洞，這不只是天生（nature），也是後天環境（nurture）使然。

現代社會雖然沒有世襲，但是政治人物的生命經常能延綿子孫親友。美國的布希家族出了兩位總統，台灣的政治世家更是不可勝數。

在經濟層面，貧者愈貧、富者愈富的馬太效應，也大幅減低了經濟資源在社會階層間的移動。依美國加州大學戴維斯分校教授葛瑞里・克拉克（Gregory Clark）的研究，美國社會最高階層、或最低階層大約要歷經十到十五代，三百至四百年的時間，才會逐漸回歸到社會平均中線，可見社會階層世代傳承的慣性相當頑強，如果沒有外在的力量很難突破。

調整教育門檻，扭轉慣性

在所有增加代際流動的方法中，最有效的便是教育。教育的效果本來跟投入資源成正比，社會高層資源多，容易得到較佳的教育機會，相反的，社會底層的子女便處於劣勢。要增加社會流動，便需要以教育政策扭轉這個慣性。

增加教育普及率，延長義務教育年限，增加對貧困家庭學前幼兒教育的補助，這些都是政府常見的政策，都能改善社會階級的流動。除此之外，大學學費和職業教育是兩個常見的議題。

美國人一向自豪美國夢，只要努力，任何人都能美夢成真。但有一項調查顯示，美國全國收入最低的五分之一人口中，42% 的下一代停留在這一階層，相較之下，英國只有 30%，丹麥更低到 25%。這五分之一的人群中，有多少下一代可以爬升到最高收入的五分之一呢？美國只有 8%，英國 12%，丹麥卻高達 14%。

為什麼自由經濟的掌旗手美國反倒社會流動表現最差？除了美國的窮人真得很窮之外，美國的高學費政策是一個重要的原因。從 1971

到 2011 年的四十年之間，五分之一的低收入戶中，州立大學一年的學費佔其年收入的比率，從 42% 暴漲到 114%，這樣高的比例，哪家父母能夠負擔？即使有大學貸款，還款的壓力下誰能喘氣？

相對照之下，社會主義傾向的歐洲國家一向學費低廉，甚至就在 9 月底，德國總理梅克爾宣布了全國大學免費就讀，連國際學生也一視同仁。一位德國官員甚至說：收取學費，就是一種社會不公。

職業教育也是德國的一個特色。雖然有人批評德國教育過早分科，九歲學童就必須選擇是否進入職業預校。

但除了這個批評之外，德國的職業教育學制，對於增加社會流動十分有利。

德國的職業預校一共修習五年，畢業時學生十四歲，然後進入職業學校，學習三年，十七歲畢業，如果想要繼續進修，還有專科學校，學習兩年，十九歲畢業。

這樣的設計，學生可以分站下車，無論十四、十七或十九歲，隨時可以結束學業，開始就業。不僅學生不同的興趣、性向、學習能力可以各自發揮，更重要的是視家庭經濟狀況，可以選擇在不同的年齡進入就業市場，一方面減輕家庭負擔，一方面增加收入，對努力脫離貧窮的家庭而言，可以說是一舉兩得。

設計就業政策，也是良方

增加就業率和降低創業門檻，是另一個重要的增加社會流動的政策。失業是社會階級向下移動最主要的原因，一個需要養家糊口的人，一旦失去工作，下一代的未來也同時被打了折扣。

最近十幾年全球年輕人失業率高居不下，成為失落的世代。不難想見，受到衝擊最大的多是來自社會底層的青年，沒有工作，如何能向社會上層移動呢？

因此除了特別為年輕人設計的提高就業政策之外（說實在，就業率比薪資水平更為重要），降低創業門檻是另一重要選項。微型創業看似微不足道，但提供了比大中小型企業更多的就業機會，縮短了社會階層間的鴻溝，是增加社會流動不可缺少的選項。

提供完整的基本建設，是增加社會流動另一項國家無可推卸的責任。低收入人口多居住在鄉鎮和偏遠地區，跟城市相較，基本建設先天不足，造成社會代際流動的先天障礙。

除了道路、橋樑、水電、通訊之外，現代社會中最重要的基本建設可能是寬頻網路。寬頻網路敞開了鄉鎮的資訊門戶，外界的動態、訊息、知識由此進入。近年 MOOC 教學的發展，更能大幅降低城鄉教育的落差，提高低收入人口下一代接受教育的效果，增加他們在社會階級垂直流動的機會。

台灣近年十分強調社會的平等和公義，事實上，兩者都是複雜的觀念，既需要訴諸理性，也無法避免感性；既需要訴諸感性，也不能失去理性。在平等和公義上，台灣改進的空間很多，朝野需要更多的努力。

但是如果只注意不平等的靜態現實，便可能引起分食大餅的爭執。如果注意到社會流動的未來動態可能，就變成一個公平的競賽，各憑本事，人人都有機會。

改善現狀和創造未來，這兩者間的差異非常微細，但可能十分重要。台灣過去廣泛發放各種年金，多是雨露均沾，買票心態居多，後來的許多社會福利政策，多以救助為出發點，以改善社會不平等的現狀。將來呢？是否有可能師法英國或德國：敞開大門，打破障礙，用增加社會流動來創造更為平等的未來？

{讀後想像}

★ 台灣可運用哪些創意的方式來降低教育成本？除了政府政策、基礎建設及網路設施外，還能如何運用民間力量來達成？

★ 學用落差與高工時的就業環境，也會加深就業的移轉成本進而固化階級流動，政府或民間機構目前提供哪些措施來促進就業後的階級流動？如何可以做的更好？

★ 微型創業出現哪些較多的挑戰與困難？若不靠政府，創業家如何提高成功長久的機會？

05.

公益公司 vs. 私益公司

社會企業是個感性的字眼，人人為之感動，公益公司卻是個理性的概念。
台灣一向愛心充沛，是發展社會企業的沃土，
公益公司有如一把利犁，願能拓墾出一片欣欣向榮的良田美景。

2013 年 7 月 17 日，全球關心社會企業的人士都在鼓掌歡呼。美國達拉瓦州州長在當天簽字，公益公司[1]在美國公司法的指標州正式成為法律，回應了社會企業創業者多年的期盼。

所謂公益公司是一種特殊的公司法人組織，顧名思義，它追求的是公眾的利益（public benefits），而不像一般公司，追求的是股東的利潤（shareholders' profit）。美國的公司法由各州自定，並沒有聯邦版本，達拉瓦州之所以具有指標意義，是因為它的公司法最有彈性，是

註 1： 公益公司在達拉瓦州及加州稱之為 Public Benefit Corporation，其他許多州多僅稱為 Benefit Corporation，詳盡資訊可參考 Benefit Corp Information Center。

許多新創公司選擇公司註冊地的首選，全州人口不到一百萬，卻擁有超過一百萬家的公司登記，美國一半以上的上市公司，總公司都註冊在達拉瓦州。

股東利益或大眾利益

公司法規範了公司的目的、組織和監理（governance）。公司是現代經濟社會的基本成員，公司投資人因為相同的動機——營利——而結合，財務風險僅限於出資金額，又能將所有權與管理權適當分離，因此經營效率為之大幅提高。公司組織的出現，是人類經濟史上的一大創新。

自從十七世紀初始英國和荷蘭不約而同成立東印度公司後，四百年來，公司的發展見證了帝國殖民主義對全球資源的搜刮掠奪，工業革命時期的勞資失衡，二十世紀初因大量生產而造就的平民社會，到下半世紀知識經濟崛起後產生的新白領階級。毫無疑問，公司是塑造現代社會經濟景觀的基本建材。

凡是公司，必須以營利為目的，這是決定公司人格、主宰公司行為的 DNA；營利，還必須是為了股東，而非為其他外人贏取利益。當公司組織的活動佔全國 GDP 百分比很低的時候，人人為私還無傷大雅，當百分比越來越高，若股東的私益和大眾公益產生扞格時，何者為先？

當年通用汽車公司總裁查爾斯．威爾遜（Charles Wilson）被質問到這個問題時，回答說：「只要為通用好，就是為美國好。」無論這句話是否為威爾遜親口所說，這段公案說明了公司既然以謀求股東私益為宗旨，便很難取得大眾的完全信任。

於是 70 年代初管理學者提出了企業社會責任（Corporate Social Responsibility，CSR）的觀念，以為彌補。然而 CSR 早期的論述仍然將其當成是一種經營策略，以犧牲短期利益來換取可以永續的長期股東利益。

公益公司的優勢與好處

社會企業創業者看在眼裡，領悟到傳統的公司法人組織終究以私益為目的，公益僅為手段，與社會企業以公益為目的、私益為手段的宗旨迥然不同。

因此具有社會意識的企業人士兵分兩路，一面加強 CSR 的理念與實務，例如建立社會責任會計（social accounting），鼓勵公司撰寫公益報告等等。另一方面，更積極推動立法，建構公益公司的法人組織，從法制上，與傳統的私益公司作出區隔。

2010 年，馬里蘭州成為美國通過公益公司法的第一個州。2013 年 7 月 17 日，達拉瓦州成為第十八州，在它之後，還有九個州進入立法的程序。

新型的公益公司與傳統的私益公司相比，有那些差別？究竟有什麼好處？

一般私益公司的唯一法定宗旨是為股東創造利潤，只要不從事非法活動，可以進行任何營生，但若稍微傷及股東利益，便有違反專業經理人職責的風險。

相較之下，公益公司的經理人者做經營決策時（以達拉瓦州的公益公司法為例），必須兼顧三種利益：公司章程中所訂定的公共利益、股東利益與其他關係人（stakeholders）──如員工、客戶、供應商、社區或環境──的利益。這三種利益有如三腳凳，坐實了公司的價值取向，經營者的眼光也因此全面而長遠，避免了傳統公司追求狹隘、短期利益的缺失。

傳統上，私益公司的經營績效完全由損益表和資產負債表兩大財務報表來反映，然而財務報表無法表達公益公司的公益績效，因此一般公益公司法都明文要求公益公司必須定期發表公益報告，從財務以外的角度衡量公司的經營績效，以取得利益和利潤間的平衡。

由於宗旨的根本差異，公益公司的投資人多為認同公司的公益理念，而非追求資本報酬的極大化。公益公司不但滿足了許多現代投資人希望兼顧資本利得和社會影響（social impact）的需要，也從結構上建立經理人、投資者和社會三者之間相互信任的基礎，跟一般私益公司三者間根深蒂固、長久以來的猜忌大相徑庭。

手握一把開墾沃土的利犁

社會企業的觀念近來在台灣得到廣大的關注，但是社會企業要能長久、健康、全面的發展，必須建立從投資人、經營者、政府到制度的完整生態環境。公益公司是社會企業精神的具體實現，自然是制度面不可缺少的環節。

社會企業是個感性的字眼，人人為之感動，公益公司卻是個理性的概念，雖然它是未來社會企業的基石，在歐美已經進入實施階段，在台灣，一般大眾甚至社會企業從事者對它的認知仍然十分有限。

雖然曾經有一群長期關心社會企業發展的志工，參考國外的相關立法，審慎評估台灣的特殊環境，擬就一份公益公司法草案，但這段從私益到公益公司的立法過程，仍然是一段遙不可知的旅程。

台灣一向愛心充沛，是發展社會企業的沃土，公益公司有如一把利犁，願有志於社會企業的創業者不久都能手握這把利犁，拓墾出一片欣欣向榮的良田美景。

{讀後想像}

★ 社會企業未來立法時，應該修訂現有公司法，還是訂定新法？

★ 社會企業目的在於公益目的，若盈餘不分配，依現行所得稅法規定需對未分配盈餘加徵 10% 營利事業所得稅，這個問題如何解決？

★ 社會企業未來在台灣發展，如何避免利用公益名義，博得社會大眾同情，卻私底下追求個人利益？

06.

凱因斯之夢——每週工作 15 小時

不少前衛、希望激發員工創意的公司早已放棄僵化的工作時間制度，員工擁有極大彈性，上下班採用彈性時間，在家辦公也無妨，甚至還有公司膽敢採用無上限假期的制度。

倫敦，2013 年 8 月 15 日清晨 6 點，一位 21 歲的年輕人驟死於浴室。小夥子來自德國，暑假在美林證券倫敦分公司見習八週，只剩一週便要回家。他經常待在辦公室通宵加班，死前 72 小時沒闔眼，早晨匆忙趕回住處洗澡換衣，還讓計程車等在樓下，準備趕回辦公室，繼續工作。

北京，2013 年 5 月 13 日深夜，從奧美廣告公司抬出一位臉色蠟黃的年輕人，他心臟病突發，急救無效，才 24 歲，死前一個月連續加班，每天到晚上 11 點。

過勞死原是日本現象，現在似乎已經全球化，而且從慢性轉為急性，死者的年紀也越來越輕。

現代人的工作時間為何有增無減

這是現代社會的弔詭之一。科技日新月異，電腦、智慧手機、電郵、網路，絕大多數資訊與通信科技的發明全為了節省時間，提高生產力，增進人類的福祉，創造美好的未來。但現代人的工作時間有增無減，甚至侵入私人生活領域。

農業時代想必沒有標準工時的觀念，農忙農閒，完全根據季節、天氣和農作物的生長週期。工業革命開始後，從英國到世界各個角落，工廠林立，工作從戶外移至戶內，不受天候限制，加上工廠主與勞工的利益對立，才建立了每天劃一的標準工作時間。

十九世紀初期，歐洲工廠的工人每週工作長達 60 小時，工作條件極為惡劣，甚至僱用大量童工，直到政府介入後工時才逐漸降低。工時能夠減少，科技的進步當然是重要的助力，否則降低工時與提高工資兩者無法同時發生。到了 1920 年代，大部份歐洲工廠每週工時已降至 40 小時。

在這樣科技萬能、希望無窮的時代背景下，凱因斯在 1930 年發表了一篇文章：〈我們後代的經濟前景〉（Economic Possibilities for Our Grandchildren），文中充滿樂觀的展望。他預測人類在一百年間，也就是大約 2030 年，所有的經濟問題都獲得解決，人類的經濟水平有八倍之高，一個人每週只要工作 15 個小時，就能滿足「老亞當」（old Adam，凱因斯的用語）的生存基本需要。

凱因斯顯然錯了，而且錯得離譜。當今全世界法定工作時間最短的法國，每週都還要工作 35 個小時，遠超過凱因斯預測的一倍。不過經濟學者的預測本來不必當真，他們一向這樣自我解嘲：預測人人會做，只有經濟學者能解釋為何預測沒有成真。

英國學者羅伯特（Robert）以及愛德華・史紀德斯基（Edward Skidelsky）父子在 2012 年出版的《多少才滿足？》[1] 這本書便嘗試提供一個解釋。他們認為有兩個因素，阻擋了凱因斯的預測成為事實。

一是凱因斯假設人的生理、心理需要有個上限，抵達了上限，人便感覺滿足，不必繼續用消費來餵養人的需要。在這個前提下，生產力提高，工作時間自然減少。凱因斯顯然不是心理學者，他不知道人

註 1： 中譯版《多少才滿足？決定美好生活的 7 大指標》（*How Much Is Enough?*），聯經出版公司出版，2013 年 10 月。

的心理因素——例如羨慕、嫉妒和恐懼——擁有取之不盡的加速度，永遠會跑在物質的進步之前。

另一個原因則是經濟體系各個個體（個人、公司、國家）彼此間無可避免的互動關係（史紀德斯基用的字眼是 power relationships）。

不幸的是，這種關係在現代資本主義的現實結構中，越來越以競爭為主調。

可不是嗎？當全球年輕世代的失業率屢創新高，社會新鮮人僥倖獲得一個機會，唯恐從指縫間流逝，誰敢不賣命表現？

資本主義盛行，工資工時環環相扣

當科技逐漸鯨吞蠶食人的工作機會，景氣雖然復甦，失業率仍然令人觸目驚心，哪個職場人不戒慎恐懼，努力證明自己任勞任怨、性價比不遜於機器人，制約反應般地自動加班？

當停滯不前的工資趕不上物價指數，房價卻仍然不斷飆高，薪水階級增加工作時間是不是別無選擇的選擇？

當職場的升遷機會越來越少，升遷後的回報卻越來越高（例如 1970 年美國 CEO 的薪資是一般工人的 30 倍，40 年後的今天是 263 倍）。職場如競技場，每個人為大獎所激勵，誰不樂於工作，拚死效命，爭取脫穎而出的機會？

當公司與公司在自由市場上做生死存亡的競爭搏鬥時，數目較少的員工每人工作較長的時間，和相反的多員工短工時，何者更能呈現經營績效？當營業額與員工人數比（revenue per employee）被視為關鍵績效指標，經理人是否更義無反顧地賠錢裁員、賺錢也裁員（沒被裁員的員工於是自動延長工作時間），然後心安理得地去領取那隨職位升遷而巨幅放大的獎品？

當先進國家以追求 GDP 成長、提高生產力為政策指南，政治人物仰仗巨額金錢捐助以挹注龐大的競選經費，開發中國家又各自使出渾身解數、打造優良的投資環境，企圖加速 GDP 成長，如何能產生有效對策來逆轉非法定的工作時間不斷增長？同時又如何能降低法定工時？

高失業率，M 型社會，低階薪資停滯高階收入瘋漲，和不見縮短只見增長的工作時間如是因果循環，環環相套，這是一個全球結構性的問題，越資本主義化的國家，問題越嚴重。

屬於台灣的工時問題特性

這樣的全球趨勢下，台灣自然不能倖免，不過台灣也有其特殊的本地問題。

台灣產業發展的現狀問題，無論朝野官員學者如何各自解讀，至少有兩個方向鮮有爭議：

一、台灣必須加速產業轉型，縮短轉型的陣痛。轉移製造業的重心，從低附加價值的製造加工，盡速升級為高附加價值的技術及設計創新。

二、同時調整產業結構，增加服務業比重。豐富服務業的內容，從民生型服務經濟提升至經驗型服務經濟。

若同意這種以創新為引擎、以價值為目標的思維，員工工作時間的長短不是重點，創造價值才是真正的員工績效指標。然而台灣《勞基法》或《勞動契約法》的立足點卻背道而馳，不免讓人有迷失在時光隧道的幻覺。

很明顯，台灣法律對於人力資源的觀念還侷困在加工出口區經濟、藍領階級為勞動人口主力的時代。例如每兩週工作 84 小時的奇特規定，舉世罕見。2000 年通過此規定後，大陸一邊降低工時，一邊還能提高工資，台灣卻以維持競爭力為理由，十幾年來原地踏步。如果還在顧忌勞力成本提高便喪失競爭優勢，如何能奢言以創新創價來加速產業轉型呢？

又如美國的勞工法中，有所謂 exempt（責任制）和 non-exempt（工時制）之分。工時制一如台灣，要求公司制定每日標準工時，超過時間便以加班計算。責任制相當於白領階級，無論工作時間長短，沒有加班費，只有固定薪資。而不少前衛、希望激發員工創意的公司早已放棄僵化的工作時間制度，員工擁有極大彈性，上下班採用彈性時間，在家辦公也無妨，甚至還有公司膽敢採用無上限假期的制度。

反觀台灣法律沒有責任制之分，理論上任何員工工作超過兩週 84 小時，公司必須發給加班費。換句話說，台灣目前所有聘有白領階級的公司都在法律邊緣遊走。

如果用前瞻性的眼光思考工時問題，其實台灣何妨大膽嘗試依時漸進，逐年縮短工作時間。例如開始正式施行每週 40 小時工時，之後每兩年一週減少兩小時，降至 36 小時後暫時打住，視當時國際潮流再行決定未來方向。

不妨準備好輕裝上路

如果按此時程循序減低工時，也許能夠產生以下的經濟績效：

一、企業明確了解政策走向，可以預作規劃（會選擇出走的企業，大多仍以勞力成本為競爭手段。）

二、企業主因預見勞工成本逐年提高，產生迫切感，加速採取升級或轉型的具體措施。

三、由於工作條件改善，可以刺激台灣勞工不願進入工廠的就業意願。

四、縮短的工作時間被用於休閒，自然增加各種勞務的需求，加速服務經濟的成長。

五、交互授粉（cross-pollination）的環境最能滋生創意，休閒活動不只讓員工得到更好的休息，也提供更多交互授粉的機會，提升工作時的創意和創新。

六、理論上，減少 5% 的工時，可以增加 5% 就業率。就業率增加，當然有助於經濟成長。

七、對員工而言，減少工時維持工資也算是間接加薪。

工作時間是一個全球性的問題，也是一個觸及資本主義靈魂的探測針。真要能改善，釜底抽薪的辦法是減少一些叢林式的競爭，多一點同舟共濟的合作。至於台灣，更該早日拋棄舊包袱，擁抱前瞻性的思維，即時輕裝上路。

{讀後想像}

★ 因應目前以客為尊的思潮，一面要提升產品及服務品質，一面要縮短工時，人工成本將以倍數增加，但附加價值可以倍數提升嗎？

★ 縮短工時真的可以加速企業轉型嗎？還是只是增加企業成本，減少競爭力？

★ 台灣的社會資源和文化風氣，可以承擔勞工休閒時間大幅增加嗎？

07.

數位時代下，台灣新創法規的發展方向

**歐洲遭美國、中國的虛擬帝國強敵壓境，
弱勢的歐盟被迫團結起來，積極立法，
一面避免持續擴張，一面保護人民基本的權益。
台灣互聯網實力更弱，是不折不扣的數位殖民地。
既然無力阻止數位帝國的入侵，我們如何能夠保護自己呢？**

Uber 在 2015 年可謂十分流年不利。在巴黎，有一千名計程車司機罷工抗議 Uber 非法營運，全程交通為之癱瘓。兩位 Uber 歐洲的高級主管專程到警察局說明，結果被警察收押，理由是 Uber 觸犯了法國在那不久前通過的法律，出租車司機必需擁有專業司機執照，觸犯則重罰三十萬歐元。Uber 卻反駁他們只是提供手機軟件，作為乘客和司機的仲介，司機是否具備該有的資格？應該由乘客自行負責。

就在同一時間，加州政府判決一位靠 Uber 過日子的司機勝訴，認

為她確屬 Uber 的員工，而不是獨立包商，部份行車的成本，Uber 應該負擔。這樣的判決如果變成通例，Uber 全世界二十萬名司機全部成為員工，Uber 開創的共享經濟商業模式勢必瓦解。

還有一樁舊案，舊金山一位用 Uber 平台接生意的司機，在接客的空檔中滑手機，不小心撞死了一位六歲小女孩，女孩家長對司機和 Uber 同時提出控訴。原來法律規定 Uber 的司機執行出車任務時，Uber 必需提供意外事故保險，Uber 辯說肇事的司機不在出任務，原告則主張肇事時司機正在使用 Uber 提供的 APP，因此 Uber 理當有連帶責任。

這一類的問題，台灣遲早都會碰到，我們該如何處理？

創新快馬奔騰，法規老牛如何追

谷歌在歐洲也踢到好幾塊鐵板。先是 2014 年歐盟通過「被遺忘權」（The Right to Be Forgotten），只要有正當理由，任何人可以向谷歌提出申請，撤下與事實不符、具有爭議的 PO 文，法案通過後，成千上萬的用戶提出申請，谷歌為之應接不暇。

2014 年年底，歐盟建議搜索引擎的大公司應該將其他業務跟搜索業務分割，該項建議雖未點名，但谷歌在歐洲市佔率高達 90%，歐盟項莊舞劍志在沛公的用意十分明顯。雖然許多專家認為將谷歌分拆成兩家公司的機率不大，但谷歌受到的巨大壓力可想而知。

這一類的議題，台灣有什麼樣的立場，有條件向谷歌嗆聲嗎？

創新難免攪亂舊有秩序，越具有顛覆性的創新，力道越大。依照現在全球局勢發展，創新這匹快馬已經將法規這頭老牛遠遠拋在煙塵之外。

科技發達的國家如美國，是創新的受益者，立場較偏袒破壞秩序的創新者；歐洲大陸創新能量略遜，並且具有濃厚的社會主義屬性，傾向保護既有權益。台灣應該向哪邊靠攏呢？

網路時代，虛擬帝國數位入侵

互聯網時代經過二十年的發展，受益最大的是人口眾多腹地廣大的國家，美國有 FAGA（臉書、亞馬遜、谷歌、蘋果），中國有 BAT（百度、阿里巴巴、騰訊）。這些公司先在本國累積資源，然後向國際開疆闢土，短短二十年內，它們不只富可敵國，還掌握了幾十億用戶的資訊、錢包、甚至於忠誠，形成不受疆土國界限制的虛擬帝國，全球圈地插旗，廣建殖民附庸國。

風水輪流轉，十八世紀帝國主義的濫觴歐洲，居然成為數位時代下的殖民地，從加害者轉為受害人。兩百年後虛擬帝國強敵壓境，弱勢的歐盟被迫團結起來，雖然無法建立歐洲自己的虛擬帝國與 FAGA 對抗，至少可以積極立法，一面避免虛擬帝國持續擴張，一面保護人民基本的權益。

台灣互聯網實力更弱，是不折不扣的數位殖民地。既然無力阻止數位帝國的入侵，我們如何能夠保護自己呢？

做為一個民主開放的國家，台灣不可能像大陸一樣建立防火長城，做為一個法治國家，也不容易針對某些公司採取特殊待遇，因此一切只有回歸到法令規章的層面。

然而科技進展一日千里，台灣科技不夠進步，法律素養更為落後，想要發展健全而且有前瞻性的法規，有許多現實的障礙。

台灣制訂法律，何妨脫亞入歐

首先是科技對現實生活的衝擊，只有生活在實際應用的場域，才會對可能產生的問題有深刻的認識。

台灣也許對互聯網還有些了解，但對物聯網、無人機、無人車、機器人應用、再生能源、或共享經濟這些領域的涉入都非常有限，難以掌握關鍵性的法律問題。

其次台灣的法律環境重司法而輕立法，法律教育的人才養成如此，公共部門的立法機構更是捨本逐末，偶爾有些具有前瞻性的法令，常在行政部門或現有利益者的阻礙下寸步難行。

再說以台灣 2300 萬人口，1 萬名取得執照的律師，113 席立法委員，面對排山倒海迎面而來的科技浪潮，招架之力都甚為勉強，何況設計未雨綢繆的預防性立法措施。

這些處境其實跟大多數國家都非常類似，包括亞洲和歐盟內的個別國家，但目前只有歐盟用超國家組織的方式，結合歐盟內五億人口的智慧和實力，一面創制能夠兼顧發展和穩定的法規，一面跟虛擬帝國進行長期的角力談判。

例如無人機的商業運用，歐盟飛行安全署在 2015 年底發表《歐洲航空策略》（Aviation Strategy for Europe），預期達成的目標之一包括修訂《航空安全規例》，制定適用於所有歐盟成員國的無人機法例框架。據說是目前最進步的無人機法案。

關於個人資訊安全，歐盟也極度關切，尤其蘋果手機在歐洲主要國家市佔率雖然已經超過 60%，卻還在不斷爬高，如何能夠確保個人隱私或國家機密，是歐盟所有國家的當務之急，因此歐盟草擬了一份標準，期望能像當年制訂 GSM 手機通訊規格，成為被廣泛接受的世界標準。

機器人的進步除了對經濟結構產生衝擊外，也衍生出不少對人類倫理的挑戰，歐洲有一個智庫，擬定了一個俗稱為 RoboLaw 的草案，已經送往議會審查。

歐洲法治歷史悠久，思想進步，類似以上的例子很多。台灣和歐洲同病相憐，都是虛擬帝國的殖民地，因此在創新法規的發展上，何妨效法日本明治革新功臣福澤諭吉的主張：脫亞入歐？

台灣科技較其他亞洲進步，歐洲制訂的若干標準如果有台灣背書，成功的機率更高，歐洲各種科技人文法規，都是台灣家庭作業的的最佳參考書。雙方聯手，進則可以向虛擬帝國嗆聲，退則彼此借鏡學習。科技浪潮可以載人、可以覆人，脫亞入歐，是否可以增加一點台灣的勝算？

{讀後想像}

★ 歐洲如何進行科技立法上的創新？例如，問題意識的提倡與凝聚、公民參與、民意代表問政的專業與創新性、立法制度的流程、社會對新創法治的反應與風險接受度等等。對照歐洲，台灣新創立法的過程面臨哪些問題？

★ 台灣是否可能與歐洲在法規上結盟合作，為什麼？台灣哪一個產業、領域或機構可以扮演結盟合作夥伴？政府該怎麼做？

★ Uber 共享經濟模式的創新碰到許多法律的問題，是創新將法規拋到煙塵之外還是法律本身未做明確規範的錯，這樣衍生出來的問題是 Uber 的責任還是國家的呢？

08.

徹底的透明，完全的信任

現代人面臨的各種食安和農業課題，彼此間相互衝突，任何企業很難滿足社會所有成員的價值需求。因此最好的策略便是提供透明的資訊，不言過其實，將最終的選擇權交回到消費者手中。

在這資料如空氣、無所不在，資訊如水龍頭、打開就來的時代，資訊不對稱的現象並沒有太多的改善，甚至於更加惡化。

一方面是個人隱私受到嚴重威脅，任何人只要花一些時間，便會驚訝地發現在互聯網的公開場域裡，有關自己的資訊遠比自己願意透露的多，有些私人隱秘、陳年舊事雖然時過境遷，仍然無法被時間淡忘。更令人擔心的是，在即將來臨的物聯網時代裡，一個人的言行舉止、一動一靜都在雲端留下足跡，無所遁形。

相反的，許多公共組織如政府、公司、法人仍然以業務機密為理由，拒絕公開某些重要的資訊，只選擇性地揭露部份資訊，讓一般群眾瞎子摸象。

組織資訊透明，贏取信任

要縮小這種資訊不對稱，一方面需要持續向公共組織施壓，透過政策或立法，強迫其公開公眾有權知道的資訊。另一方面，公共組織也應該建立共識：其實資訊越透明，越容易凝聚員工向心力，贏得客戶的信任。

美國就有許多公司認為建立透明度是公司成功的利基之一，無論對內部員工或對外部客戶及廠商，都應該提供充分的資訊。

例如在美國紐約證交所上市、市值美金十一億的 HubSpot 在十條公司文化守則裡，第三條便是「我們追求徹底的透明，即使這會令人不安」（We are radically and uncomfortably transparent）。如何徹底透明法？舉凡公司各種財務報表、董事會簡報、主管報告、公司策略等資訊，公司裡七百名員工人人都可以看到。

有沒有極限呢？當然也有，法律上有義務保密的，像簽過保密協議的資訊，或是不完全屬於公司的，像是個人薪資資訊，都在揭露的範圍之外（但有不少公司認為薪資也不妨公開，擁有七萬名員工的天然食物超市 Whole Foods 便是其中之一）。

另外一家位於紐約的服裝飾品公司 Zady，認識到在服飾生產的過程當中，充滿了不人道的血汗工廠，不負責任的環境污染（全球 20% 工業水污染的問題由服飾業造成），能夠改善這個問題的方法之一，便是向客戶完全揭露產品原料、加工的原產地。他們不但自己身體力行，還發動請願，希望這種自動揭露的作法能夠成為法令，從而約束整體的服飾產業。

這種充分揭露，不只是一種道德理念，也是一項經營策略，結果 Zady 因此得到 Softbank 以及當時的谷歌董事長艾瑞克．施密特（Eric Schmidt）的青睞，獲得資金入注。

食品安全敏感，透明讓消費者自選

台灣最近食品安全風暴頻頻發生，甚至成為執政黨在 2014 年九合一選舉中慘敗的原因之一。許多出事的食品公司員工在東窗事發後，紛紛表達難以相信這樣的黑心事件會發生在自己服務多年的公司，這說明了公司黑箱作業的成功，正是公共安全的危機所在。一旦黑箱中不可見人的勾當曝光，大眾信心崩盤，公司便再難以贏回信任。因此將關鍵資訊曝曬在陽光下，不但能夠事先防患各種弊端，更能贏得組織內外的信賴。

食品安全是一個極端複雜而且也極度敏感的課題。安全與否難以建立絕對指標，健康與否更隨著時代觀念轉換而改變，如果加上環保、土地開發、水資源維護、農民收入各種攸關價值觀的議題，幾乎任何有關食物的討論，都會回歸到這樣的結論：只有相對取捨，沒有最佳解答。

例如：基因改造生物（GMO）固然令人疑慮，但卻是解決未來全球糧食短缺最有效的方法。食材在地化，一切來自方圓一百英哩內的訴求固然令人感動，卻使得餐桌上食物的豐富性大打折扣，也降低土地的有效產值。有機食物雖然讓人感受生機盎然，但小面積農地難以貫徹（因為會受到臨近農地的影響），而且會大幅增加食物成本。小型食品加工廠雖然能夠促進本地就業，卻往往是食品安全的死角。

面對複雜的人體生理系統，現代科學知識更是捉襟見肘，經常昨是而今非。例如過去二十年，動物性飽和脂肪如豬油和全脂牛奶，都被視為危害健康的惡寇，植物性非飽和脂肪則被尊為對抗血脂的救星。後來發現非飽和脂肪穩定性差，高溫加熱後產生自由基，容易致癌，近幾年又被打入冷宮。又例如美國農業部經過二十年建立的金字塔飲食觀，主張大量攝取金字塔底層的米麵等碳水化合物，現在又被認為是現代人肥胖以及糖尿病不斷增加的肇因。

食品添加劑的功過也莫衷一是。任何加工食品，或者需要保鮮的魚肉蔬果，無可避免，都需要加入一些添加劑或防腐劑。不加，賣相難看，消費者不愛，萬一爆發食物中毒事件，後果更令人難以承擔。加了，多少才不至於過量？如果缺乏臨床實驗，誰又能保證長期沒有後遺症？

現代人面臨的各種食安和農業課題，充滿上述不同向面的多重價值，彼此間相互衝突，任何企業都很難滿足社會所有成員的價值需求。因此最好的策略便是提供透明的資訊，不言過其實，將最終的選擇權交回到消費者手中。

台灣不同世代對透明度的理念落差

「代代淨」（Seventh Generation）[1] 是美國一家銷售天然家庭清潔用品的企業，它便採用這種徹底透明的策略。公司命名為「Seventh Generation」，源自於印第安人古老的智慧——任何決策必須考慮到七代後人的福祉。公司營業額約兩億美金，創辦人傑佛瑞．霍蘭德（Jeffrey Hollender）是環保產品圈的精神領袖，他主張原料不但要天

註 1： 又譯「淨七代」、「七世代」、「第七世代」。

然，更要對原料的生命週期有所了解，對生產時和使用時可能造成的環境衝擊有所評估。這樣複雜的資訊在小小的產品標籤上自然無法充分揭露，因此該公司的每一位客服人員對產品成份瞭若指掌，可以為任何有疑問的客戶提供詳細的解說。

徹底透明（radical transparency）對企業究竟有哪些好處？2012 年《哈佛商業評論》在一篇短文曾經提出三個面向：

一、集中焦點。當企業的營運現況、自己和同儕的表現全部放在檯面上，人人無需猜忌，自然可以集中注意力，完成組織的任務。

二、增進參與。人人都知道企業未來的方向，現在的進度，便能切身感受到自己的價值。資訊公開也代表了人人擁有公平的機會，自然增加員工的使命感。

三、培育人才。資訊透明後，人人擁有相同的資訊，既能訓練員工做決策的判斷力，也增加了上行下效的學習效果。

有人說台灣 2014 年九合一選舉象徵了網路世代的崛起，而柯 P 廣受網路鄉民擁戴的原因之一，正是他提出的透明政策的訴求。其實在台灣的企業經營圈內，隱隱約約也能感受到世代之間對於透明度的理念，確實存在著落差。

傳統的經營模式多為模仿和改善效率，領導人多半專權獨斷，相信掌握資訊便掌握權力，自然對透明度有嚴重的不安感。年輕世代生於社會媒體，長於資訊共享，透明成為基本價值觀，知的權利之一。如果進一步透明和理性能並駕齊驅，相互滋養，信任這項社會資本自然能夠累積，像黑心食品這種文明落後國家才有的惡質現象，哪裡可能發生呢？

{讀後想像}

★ **這世界沒有真正的公平，如果資訊透明化，暴露出妥協下的不公平，這還有可能建立完全的信任嗎？**

★ **透明跟隱私之間有沒有衝突？在現代網路下，透明沒有邊界，在公司內部無妨透明的資訊，如果洩露到網路怎辦？**

★ **政府的機密資料有解密年限，企業的資訊如果也有解密年限，是否也可以算是一種增加透明的制度？**

09.

世界越來越扁平，企業呢？

**東方大部份的組織裡，上與下的主從關係被要求嚴格遵守，
造成部門與部門彼此間一座座獨立的穀倉，溝通困難，合作不易，
這跟瞬息萬變的時代要求協作、跨領域的走向正好背道而馳。
用更多的橫向溝通協調來取代直向的匯報，
是二十一世紀組織生存的基本條件。**

二十世紀發展成熟的現代企業組織已經成為人類文明的一部份，一方面企業長成龐然大物，另一方面組織也開始扁平化，這兩個不同的方向對管理造成極大的挑戰。二次大戰戰後，通用汽車的管理層級從二十八降到十九層，等到傑克·威爾許接任時，只剩下了九層。

二十一世紀知識經濟下的新興公司更是熱情擁抱扁平化。谷歌目前有五萬名員工，大約有五千位經理，一千位資深經理，一百位副總，總共的階層不超過六層，尤其在工程部門，一位主管有二、三十個直屬手下也是常事。

這種扁平化的趨勢有沒有極限？2015 年有一家公司發出了戰書：取消一切管理層級，公司沒有主管，所有員工一視同仁，沒有高低，人人對 CEO 負責。

薩波斯挑戰無主管制度

撂下這份戰書的是搞怪點子特多的華裔創業家謝家華（Tony Hsieh）。他領導的美國最大賣鞋網站薩波斯（Zappos）在 2009 年被亞馬遜收購，謝家華開出的條件之一是薩波斯維持獨立經營，他繼續擔任執行長。亞馬遜的傑夫．貝佐斯（Jeff Bezos）果然完全放手，讓謝家華持續實驗許多十分前衛的管理制度。

謝家華先是逐漸取消許多部門主管的職位，2015 年 3 月 24 日，他寫了一封給全體員工的電郵，正式宣佈公司將進入全員皆兵、無人為將的階段，任何人如果擔心難以適應，可以選擇在 4 月底離開，公司還發給三個月遣散費。

結果有兩百一十名員工決定拿錢走人，佔全公司四千名員工 5%，這樣的比例不算低，可是公司毫不以為意，反正人各有志，沒有信心的人早點離開，反而對留下來的人有益。

無主管制度並不是新觀念，不過一般實行的公司規模較小，像薩波斯這樣超過四千名員工的公司，這還是第一遭，因此全世界的旁觀者都屏住呼吸，靜觀未來的發展。

謝家華的靈感來自兩方面。一則他對城市發展一向有研究（他在拉斯維加斯主持了一個社區重建的計畫），他觀察到當一個城市人口加倍的時候，人均創造力增加 15%，可是當公司員工人數增加時，平均創造力卻急速下降，其中最大的差別是：公司有層層老闆，城市裡卻每個市民都自己當家。那麼公司為什麼不能效法城市呢？

他的第二個靈感來自於軟件公司創業家布萊恩．羅伯森（Brian Robertson）在 2007 年提出的合弄制度（Holacracy）。這個名詞的字根 Holon（大陸採用音譯：合弄）既是系統中的一個成員，自己也自成一個系統。在合弄制度下每一個員工都是自己的老闆，組合起來，還是得完成公司的使命。

許多新創公司心儀的合弄制度

沒有主管，並不代表沒有組織，也不是沒有階層。差別是一般企業組織以人為本位，以部門為單位，而合弄制度卻以事為本位，以任務為單位。如果一群人有一個共同的任務，就可以形成一個任務圈（circle），一個任務圈裡有一個人負責聯繫協調，稱為主鍵接（lead link），他的工作不是發號施令，只是協助任務圈的運作。

一個人可以屬於好幾個任務圈，一個大任務圈下也可以有好幾個子任務圈。但是彼此的連結並不是垂直的權力，而是橫向的責任，任務圈也隨時間進度彈性調整。可是任務由誰交付呢？當然不是老闆，而是公司有一份大家同意的憲法，裡面訂定了公司存在的目的，然後再透過「治理會議」（Governance meeting）的運作，逐步推演出不同的任務和任務圈。

合弄制並不等於民主，因為民主制度下人人有同樣的權力，合弄制度卻要把決策的權力交到直接負責的那一個人手中，其他人當然可以發表意見，但被接納與否，完全由負其責的當事人決定，因此合弄制也不是合議制，因為合議制需要得到大家的同意。

合弄制的精神非常符合矽谷的創新文化，因此讓不少新創公司心儀，推特共同創辦人創立的新媒體公司 Medium 便是另一家採用合弄制的公司。甚至於在 2002 年時，谷歌也曾經有一度取消工程部門的所有主管階級，只是幾個月後，由於溝通成本太高，還是回到了傳統的階級組織。

合弄制度確實讓許多人心存疑懼，許多傳統的人事機能，例如雇用、薪酬設計、績效評估、甚至解僱，各種決策的程序將會截然不同。同時以人為本的組織設計跟一般人的直覺相吻合，以事為本的組織設計需要邏輯層面的思考，跟直覺衝突，因此這場企業組設計的社會實驗究竟是否能夠成功，還在未定之天。

破除組織僵化，力求現場解決

對台灣這樣的東方社會而言，距離沒有主管的合弄制度十分遙遠，主管認知和客觀條件都難以具備。但是合弄制度值得我們留意的原因之一，正因為組織的僵化是我們難以產生創新的其中一項原因。即使不能實施合弄制度，我們也應該好好思考，如何改善我們的組織設計。

未來的世界變化太快，現場發生的狀況必須現場可以即時解決，如果要等到層層上報，接到指示後再採取對應措施，必然會失去機先，因此未來的組織裡必須賦予位於現場的第一線工作人員最大的裁量權。主管的任務在於提供資源，而非掌握決策。

許多決策需要跟其他部門的協調，這個時候，應該是第一線人員彼此間直接進行橫向的溝通，激盪出創新的作法，共同解決問題，而不是向主管匯報，再由主管召開跨部門的會議，這樣做不只缺乏時效，而且經常造成用泛政治手段來解決問題。

在東方父權式的文化氛圍裡，上與下的主從關係被要求嚴格遵守，因此大部份的組織裡各個部門的自我意識強烈，造成一座座獨立的穀倉，部門與部門彼此間溝通困難，合作不易，這跟瞬息萬變的時代要求協作、跨領域的走向正好背道而馳。用更多的橫向溝通協調來取代直向的匯報，這幾乎是二十一世紀組織生存的基本條件。

最後，最有槓桿效果的創新是制度創新，台灣雖然近兩年來創新的風氣獲得大幅的改善，但是如果缺乏制度、組織的創新，持續維持傳統僵化的組織，不只有礙於創新的產生，甚至於創新所能收穫的果實也必將大打折扣。

讓世界越來越扁平的根本原因，是資訊的流動越來越沒有阻力，未來的組織處理這種無阻力的資訊流，絕對不可讓組織結構成為人為的路障。因此如何兼顧人性的弱點（好逸和好簡）和強處（爭取他人認同、求好向上的動機），設計出既能因應時代、又能兼顧國情的組織制度，值得所有的創業者和企業經營者深思。

{讀後想像}

★ 制度創新在領先企業（規模、獲利或創新等等層面）裡是否相對可行與容易？企業經營已經領先了，還需要制度創新嗎？

★ 什麼樣的企業比較適合扁平的組織？軍隊、政府或大學也應該扁平化嗎？

★ 要改變組織，是否要從改變組織的價值觀著手？

國家圖書館出版品預行編目資料

小國大想像：創新創業,開發以小搏大的巧實力 /
鄭志凱著. -- 初版. -- 臺北市 : 遠流, 2016.06
面； 公分. -- (實戰智慧叢書 ; H1444)
ISBN 978-957-32-7832-0(平裝)
1.臺灣經濟 2.產業發展 3.創意 4.文集
552.337 105007544

實戰智慧叢書 H1444

小國大想像

創新創業，開發以小搏大的巧實力

作者／鄭志凱

出版四部總編輯暨總監／曾文娟
資深主編／鄭祥琳
編輯／江雯婷
企劃副主任／王紀友
封面暨內頁設計／ Javick 工作室

策劃／李仁芳
發行人／王榮文
出版發行／遠流出版事業股份有限公司
地址／台北市南昌路二段 81 號 6 樓
電話：(02)2392-6899　傳真：(02)2392-6658　郵撥：0189456-1

著作權顧問：蕭雄淋律師
2016 年 6 月 1 日　初版一刷
定價：新台幣 350 元（缺頁或破損的書，請寄回更換）

ISBN　978-957-32-7832-0

ylib 遠流博識網 http://www.ylib.com　E-mail:ylib@ylib.com